小豆豆国学密码

玩转汉字魔方
汉字密码 全知道

独特的表现方式，带你轻松玩转世界上最难学的语言，通过数据库技术整理提炼，从汉字的特征入手，将意义上互有联系的汉字都归拢在了一起。每一个字，都有属于自己的生长故事。

林家声 ◎ 编著

郑州大学出版社
郑州

图书在版编目(CIP)数据

玩转汉字魔方:汉字密码全知道/林家声编著.—郑州:
郑州大学出版社,2016.1
(小豆豆国学密码)
ISBN 978-7-5645-1778-6

Ⅰ.①玩… Ⅱ.①林… Ⅲ.①汉字-青少年读物
Ⅳ.①H12-49

中国版本图书馆 CIP 数据核字(2014)第 114689 号

郑州大学出版社出版发行　　　　邮政编码:450052
郑州市大学路 40 号　　　　　　　发行部电话:0371-66966070
出版人:张功员
全国新华书店经销
辉县市伟业印务有限公司印制
开本:787 mm×1 092 mm　1/16
印张:12.5
字数:180 千字
版次:2016 年 1 月第 1 版　　　　印次:2016 年 1 月第 1 次印刷

书号:ISBN 978-7-5645-1778-6　　　定价:29.80 元
本书如有印装质量问题,请向本社调换

前 言 >>>

　　文字是思想的酒杯，文字是一个民族的精神象征，是一个民族的面孔和灵魂。在世界文明的长河中，汉字拥有悠久的历史，也拥有最多的使用者，是为数不多的从远古文字中继承下来并发扬光大的文字之一。没有汉字就没有中国辉煌灿烂的古代文明，汉字是中华文明之母。

　　汉字是最美丽的语言文字之一。无论是结构的匀称规则，还是形象的简约奇特；无论是读音的音韵旋律，还是字义的丰富深奥，汉字给人的美感是世界上其他任何文字都无法匹敌的。印度前总理尼赫鲁曾对女儿说："世界上有一个伟大的国家，它的每一个字，都是一首优美的诗，一幅美丽的画，你要好好地学习，我说的这个国家就是中国。"这就是中国汉字的独特魅力。

　　汉字的发展源远流长，从远古时期的结绳记事到炎黄时代的仓颉造字，从甲骨文、钟鼎文的出现，到秦始皇统一全国使用小篆，再到今天使用的简体字还有港澳台同胞使用的繁体字，中国的汉字经历了长久的历史，是一个逐渐简化和精要的过程。汉字在历史的演进过程中也产生了书写方式的变革，这促使了书法艺术的出现，书法是中国汉字发展史上的一朵奇葩，它更加鲜明地体现了中华汉字的艺术美感；篆书的严谨工整，隶书的古朴典雅，楷书的端庄秀丽，行书的婉转如意，草书的汪洋肆恣，这些都赋予汉字蓬勃的生命力，达到了字人合一的效果。古人说的"字如其人"，大抵也是这个道理；王羲之的书法潇洒飘逸、骨骼清秀，生活中他也是一个坦荡如砥、率性而为的人；颜真卿笔法谨严、方圆浑厚，而事实上他也是耿直严谨，稳重踏实的人；还有柳公权的笔意瘦挺、体势劲媚，欧阳询的方正瘦削、匀称姿媚，这些都体现了书者的行为方式和操守品性。

　　文字的运用极富意趣，古人皆喜欢舞文弄墨，玩弄风雅。北宋年间，苏轼和其妹苏小妹同游西湖，是日惠风和畅、天朗气清，苏小妹口出一联,"提锡壶,游西湖,锡壶掉西湖,惜乎惜乎?"这副联"西湖"和"锡壶"的谐音贯穿首尾,又清晰明了地表达了完整的一件事,从整句而言,内容又生动活泼,顽皮可爱,可谓妙趣横生。

文字还是一把神奇的武器。清末,慈禧太后要求著名画师李奎元为自己画一幅画来歌功颂德,李奎元痛恨慈禧太后丧权辱国,就画了一个胖小孩,跪在午门前,手里托着一个大寿桃,后面飘着各国国旗,排列着各国军队。各国军队列"阵",托桃寓意"脱逃",合起来就是讽刺西太后当年"临阵脱逃"跑到西安,骂不动口,同时还能把当事人蒙在鼓中,文字的魔力真是妙不可言。

汉字是一个神奇的魔方,它本身就是一件美丽的瑰宝,是中华民族一项杰出的艺术品。它不仅教会我们认识这个世界,让我们能记录事情,让我们的交流不受时空和时间的限制,它还能教我们学到老祖宗的思想和智慧,发现这个大千世界的无奇不有。了解它,掌握它,运用它,小小的魔方能变幻出无数种我们意想不到的惊喜。

打开一本书,就像观赏一朵鲜花的徐徐绽放,了解文字的历史、文字的推敲、文字的妙用是一件很快乐的事。祖先造字时超凡脱俗的想象力和持之以恒的毅力,古人对锤炼文字的执着和他们的生花妙笔所闪耀出的绚丽智慧,这些都将是我们美不胜收的财富。

编者
2014 年 1 月

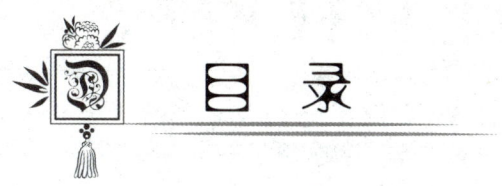

目 录

绪论　起源与发展

美丽的传说——汉字从哪里来 …………………………… 1
"六书"——汉字的构造原理 ……………………………… 4

第一章　古人眼里的世界

七上八下——"上""下"二字趣说 ……………………… 10
手相左助——"左"字趣说 ………………………………… 11
手口相助——"右"字趣说 ………………………………… 11
没完没了——"了"字趣说 ………………………………… 12
大象人形——"大"字趣说 ………………………………… 13
至高无上——"天"字趣说 ………………………………… 14
阳光不到之处——"阴"字趣说 …………………………… 15
太阳——"阳"字趣说 ……………………………………… 15
始终如一——"一"字趣说 ………………………………… 16
以"贰"代"二"——"二"字趣说 ……………………… 17
完美的"三"——"三"字趣说 …………………………… 18
散布四方——"四"字趣说 ………………………………… 19
二物交错之形——"五"字趣说 …………………………… 20
六六大顺——"六"字趣说 ………………………………… 21
七日来复——"七"字趣说 ………………………………… 22
八字还没一撇——"八"字趣说 …………………………… 22
九九八十一——"九"字趣说 ……………………………… 23
十全十美——"十"字趣说 ………………………………… 24
物中分也——"半"字趣说 ………………………………… 25
今是而昨非——"是"字趣说 ……………………………… 26

第二章　汉字与人

从图形到笔画——"人"字趣说 ……………………………………… 27
生出土上——"生"字趣说 …………………………………………… 27
人生自古谁无死——"死"字趣说 …………………………………… 28
浪花点点过船舷——"心"字趣说 …………………………………… 29
"中间有颗黑葡萄"——"目""面""眉"字趣说 …………………… 30
高高山头有口井——"口"字趣说 …………………………………… 31
认识你自己——"自""鼻"字趣说 ………………………………… 31
唯手多能——"手"字趣说 …………………………………………… 32
走原是跑——"走"字趣说 …………………………………………… 33
说话为言——"言"字趣说 …………………………………………… 33

第三章　汉字里的劳动场景

刀耕火种——"农"字趣说 …………………………………………… 35
树谷曰田——"田"字趣说 …………………………………………… 35
射矮对换——"矮"和"射"字趣说 ………………………………… 36
工欲善其事——"工"字趣说 ………………………………………… 37
人跨马背——"奇"字趣说 …………………………………………… 38
象为之耕——"为"字趣说 …………………………………………… 39
"专"的本义是什么——"专"字趣说 ……………………………… 39
目不识丁——"丁"字趣说 …………………………………………… 40
镜中人——"入"字趣说 ……………………………………………… 41
从观察到模仿——"相"字趣说 ……………………………………… 42
作为货币的贝壳——"贝"字趣说 …………………………………… 43
一半"春秋"——"秦"字趣说 ……………………………………… 43

第四章　汉字里的婚姻生活

"家"字的来源——"豕"字、"猪"字、"家"字趣说 …………… 45
抢老婆——"妻""娶"二字趣说 …………………………………… 46
洞房花烛夜——"婚"字趣说 ………………………………………… 47
金屋藏娇——"安"字趣说 …………………………………………… 48
姓之本义谓生——"姓"字趣说 ……………………………………… 48

男主外——"男"字趣译 ································· 49
女主内——"女"字趣说 ································· 50
家严——"父"字趣说 ··································· 51
家慈——"母"字趣说 ··································· 52
"夫"字怎么写——"夫"字趣说 ························· 52
"妇"字的由来——"妇"字趣说 ························· 53
老者倚杖之形——"老"字趣说 ··························· 54
年长发长——"长"字趣说 ······························· 55

第五章　汉字里的衣食住行

百官补服——"服"字趣说 ······························· 57
儿女共沾巾——"巾"字趣说 ····························· 58
人靠衣装——"衣"字趣说 ······························· 58
大禹发明筷子——"箸""筷"二字趣说 ··················· 59
食以米为先——"米"字趣说 ····························· 60
苦而有味——"茶"字趣说 ······························· 60
孔子的鱼羊汤——"鲜"字趣说 ··························· 61
二十一日醋始成——"醋"字趣说 ························· 62
塞向谨户——"向"字趣说 ······························· 63
黄帝发明了车——"车"字趣说 ··························· 64
天子造舟——"舟"字趣说 ······························· 64
古人的房子——"出"字趣说 ····························· 65
闷悠悠少个知心——"门"字趣说 ························· 66
颜回解卜——"前"字趣说 ······························· 67

第六章　汉字里的天文地理

总括时空——"宇""宙"二字趣说 ······················· 68
星汉灿烂——"星"字趣说 ······························· 69
旭日东升——"旦"字趣说 ······························· 70
"先生之风"——"风"字趣说 ··························· 70
潇潇雨下——"雨"字趣说 ······························· 71
四季之首——"春"字趣说 ······························· 72
巍巍华夏——"夏"字趣说 ······························· 73

我言秋日胜春朝——"秋"字趣说 …………………………… 74
白雪纷飞——"冬"字趣说 ……………………………………… 75
日月相推而明生——"日""月""明"字趣说 ………………… 76
蓝色星球——"水"字趣说 ……………………………………… 77
九州天下——"州"字趣说 ……………………………………… 78
万物由土而生——"土"字趣说 ………………………………… 79
川流不息——"川"字趣说 ……………………………………… 80
沧海桑田——"海"字趣说 ……………………………………… 81
丰富的石文化——"石"字趣说 ………………………………… 82
钻燧取火——"火"字趣说 ……………………………………… 82
太阳升起的方向——"东"字趣说 ……………………………… 83
太阳落下的方向——"西"字趣说 ……………………………… 84
从"背"而来——"北"字趣说 ………………………………… 86
南面之尊——"南"字趣说 ……………………………………… 86

第七章 汉字里的动物与植物

鸟中之王——"凤"字趣说 ……………………………………… 88
山中之王——"虎"字趣说 ……………………………………… 89
四灵之首——"龙"字趣说 ……………………………………… 89
巨鳌屈尾的蝎子——"万"字趣说 ……………………………… 91
飞行冠军——"鸟"字趣说 ……………………………………… 91
偷吃西瓜的猹——"猹"字趣说 ………………………………… 92
万户的火箭——"飞"字趣说 …………………………………… 93
易如反掌——"毛"字趣说 ……………………………………… 93
任劳任怨的牛——"牛"字趣说 ………………………………… 94
有灵性的马——"马"字趣说 …………………………………… 95
吉祥的"羊"——"羊"字趣说 ………………………………… 96
鱼传尺素——"鱼"字趣说 ……………………………………… 97
本末倒置——"木""本""末"三字趣说 ……………………… 97
"来"源于麦——"来"字趣说 ………………………………… 98
服章之美谓之华——"华""花"二字趣说 …………………… 99
古粟今稻——"禾"字趣说 ……………………………………… 100
人参果——"果"字趣说 ………………………………………… 100

瓜熟蒂落——"瓜"字趣说	101
"不"的原意——"不"字趣说	102
芝兰生幽谷——"兰"字趣说	103
"嘉庆子"——"李"字趣说	103
何可一日无此君——"竹"字趣说	104

第八章 汉字里的文化图景

截竹为简——"册"字趣说	106
人类进步的阶梯——"书"字趣说	107
五声八音——"乐"字趣说	108
共工怒触不周山——"共"字趣说	109
朱元璋的"福"字——"福"字趣说	109
喜上加喜——"喜"字趣说	110
滥用寿字闯大祸——"寿"字趣说	111
禾谷丰收——"年"字趣说	112
投鼠忌器——"器"字趣说	113
秉笔直书——"史"字趣说	113
三山倒挂,两月相连——"用"字趣说	114
以事相告——"示"字趣说	115
"缄"的含义——"缄"字趣说	115

第九章 汉字与审美

"九文龙"——"文"字趣说	117
"每"字的本义——"每"字趣说	117
羊大为美——"美"字趣说	118
抱子哺乳——"孚"字趣说	119
"消灭法西斯"——"卐"字趣说	120
休养生息——"休"字趣说	120
手中有肉——"有"字趣说	122
好好先生——"好"字趣说	123
"再见,华佗"——"见"和"现"趣说	124
浮一大白——"白"字趣说	124
弯腰负重——"重"字趣说	126

张作霖手黑——"墨"字趣说 ··· 127
爱屋及乌——"爱"字趣说 ··· 127
夭屈如人之笑——"笑"字趣说 ··· 128

第十章　汉字里的政治军事

口中含玉——"国"字趣说 ··· 129
三皇五帝——"皇"字趣说 ··· 130
"师"的各种含义——"师"字趣说 ··· 131
问鼎中原——"鼎"字趣说 ··· 132
"我"的假借——"我"字趣说 ··· 133
四千人为军——"军"字趣说 ··· 134
民贵君轻——"民"字趣说 ··· 135
征伐示威——"武"字趣说 ··· 135
权力之斧——"王"字趣说 ··· 136
秦失其鹿——"鹿"字趣说 ··· 137
随者从也——"随"字趣说 ··· 138
日月当空，普照大地——"曌"字趣说 ··· 139
执旗行进——"游"字趣说 ··· 139
"往"字去左边——"主"字趣说 ··· 140
以手割耳——"取"字趣说 ··· 141

第十一章　汉字里的避讳及文字狱

为圣人避讳 ··· 142
受法律保护的家讳 ··· 143
自古帝王有国讳 ··· 144
不敢说，可不敢说 ··· 146
秦桧恶名，人人远之——恶人讳及其他 ··· 147
受患只从读书始 ··· 148
被冤枉的苏轼 ··· 149
朱元璋大兴文字狱 ··· 150
文字狱清代最盛 ··· 152

第十二章　谐音与错别字拾趣

不会及地 ··· 155

赵元任的谐音趣文	155
手上的"银"字	156
临阵"托桃"	157
姨移破桶令姑箍	157
笛清难比箫和	157
民国万税	158
莱莉花茶	158
欧阳修巧对谐音诗	159
高士奇的巧妙反击	160
柑子布	160
铜雀春深锁二乔	161
"唯"的偏旁	162
错认一字性命休	162
前赤壁"贼"	163
马德华原名趣事	164
拆卖房屋	164
白字和尚	165
落款"庚黄"	166
县官的"亲爹"	166
万夫不当之男	167
读过泰论	167
多了一撇,隔了千里	168

第十三章　字句的推敲

问何人忽坏长城	169
杜诗缺字新猜	169
苏东坡赋鹤	170
杨慎对诗	170
一字师	171
"冤枉能辩"	171
僧敲月下门	172
王安石炼字	173
槛外长江空自流	173

云破月来花弄影	174
老仆人改诗	175
林花著雨胭脂湿	176

第十四章 字谜与对联趣谈

"青鹅"密信	177
赵明诚的梦	177
"慧"字诗画	178
夫妇义重	178
树上有嘴能笑人	179
纪晓岚巧出谜	179
乾隆解字	180
巧谜道姓	180
巧骂"柳剥皮"	181
生日请帖里的字谜	181
八字碑文	182
酒店老板的字谜	182
秋日残红萤火飞	183
义无回首瞻前途	184
佛印巧对苏小妹	184
两个女婿与老丈人	185
峙立金童	185
纪晓岚巧对乾隆	186
不知何人害相思	186
巧题姻联	187
小人全仗大人遮	187
学童巧对骂官	187
鬼鬼犯边	188

绪论　起源与发展

汉字是美丽的语言文字之一。无论是结构的匀称规则，还是形象的简约奇特；无论是音韵旋律，还是内涵深意，汉字给人的美感是世界上其他任何文字都无法匹敌的。

美丽的传说——汉字从哪里来

语言文字是思想的酒杯，在某种程度上可以这样说，由于文字的产生和发展，人类的哲学、文化、科技和历史才得以记载和流传至今，文字是一个民族的精神象征，也可以说是一个民族的面孔和灵魂。在世界文字大家庭中，汉字，是世界上使用人口最多、历史悠久的文字，可以说，没有汉字就没有中国辉煌灿烂的古代文明，汉字是中华文明之母。

汉字是美丽的语言文字之一。无论是结构的匀称规则，还是形象的简约奇特，无论是读音的音韵旋律，还是字义的丰富深奥，汉字给人的美感是世界上其他任何文字都无法匹敌的。印度前总理尼赫鲁曾对女儿说：“世界上有一个伟大的国家，它的每一个字，都是一首优美的诗，一幅美丽的画，你要好好地学习，我说的这个国家就是中国。”

要学习汉字，首要的问题是弄明白汉字从哪里来，即要解决汉字的起源问题。汉字是一种独立创造的文字，它是在经历了相当长的原始文字阶段以后，才发展为完整的文字体系的。从仓颉造字的古老传说到100多年前甲骨文的发现，历代学者致力于揭开汉字起源之谜。汉字是什么时候开始形成？什么时候完成自己的体系的？这个问题目前还没有人能有个结论性的说法。

关于汉字的起源，从古至今流传着很多介于传说和事实之间的说法，虽都不能正确解释汉字的起源，却也留给后人不少有益的启示，促使人们思考、探索。

从"结绳以治"到"易以书契"

在汉字起源的传说中,"结绳说"是值得我们注意的一种说法。所谓"结绳",是用在绳子上打结的办法帮助人们记忆的一种方法,人们以此来处理日常生活中的一些事务,大大小小的绳结表示不同的意思。因此有人认为文字就是从大大小小的绳结发展而来的。下列两则小故事,有助于我们对"结绳说"的理解。

鲁迅在《门外杂谈》里讲到"字"是怎样来的时写道"我们那里的乡下人,碰到明天要做一件紧要事,怕会忘记时,常常说:'裤带上打一个结'。"鲁迅家乡是浙江绍兴,在浙东一带农民请别人代办一件事情时,常说这句话,意思是请对方不要忘记。

2004年4月11日下午4时32分,河南省新密市的郑煤集团超化矿突发透水事故,12名矿工和技术人员被困井下。经过多方紧急营救,4月16日9时30分,12个人全部获救。被困的矿工最后成功获救,就是因为他们用矿灯绳打结向矿外传递信息。他们打了两个绳结,一个绳结完整没有破坏,表示"1",一个绳结分成两个头,表示"2",合起来表示他们12个人还在一起。大水把矿灯绳冲出来后,井下救援人员看到这个打着绳结的矿灯绳,并没有简单认为这只是一个普通的灯绳,而是朝着井下人员想要表达的意思理解,从而信心倍增,加快了掘进的进度。

关于结绳记事,《周易·系辞》记载:"上古结绳而治,后世圣人易之以书契。"《说文解字·叙》中则说:"及神农氏结绳为治而统其事。"虽然没有明确说文字的起源与结绳有关,但确实告诉我们,历史上曾经有过一个结绳记事的漫长时期。但结绳和文字毕竟是两回事,它们之间的关系不是相生相袭的,即结绳不可能直接发展成为文字。结绳只能帮助记忆或者作为表示某种简单事务的标记,不能用来表达感情、交流思想,不能成为记录语言的工具。因此,结绳同文字还是有根本区别的。

与结绳说性质相近的还有契刻说,契刻说也是帮助记忆、传递信息的一种方式。从古代文献记述和西南地区一些少数民族在创造文字以前所存在的刻木记事现象分析,契刻的目的多数是"刻其数"以备忘,有契约、凭证的性质。但契刻只能记载一些较为简单的信息,不能满足日益复杂的社会生活的需要。随着人们传递和记载的信息复杂程度的加深,最终被图画和文字取代。

"汉字之父" 仓颉

相传,在我国陕西关中有个叫仓颉的人,他生有四只眼睛,披着长发,留着长须,身穿兽皮,手里经常拿着一支笔。他的头形很奇特,头顶高高地隆起,像个畸形的头陀,显得聪颖过人。仓颉经常骑着毛驴,跋山涉水,去了解民间风俗习惯,收集民间流行的语言符号。他把收集来的资料写在芦苇的叶子上,装在口袋里,让毛驴驮着。后来,毛驴走到今陕西省岐山县就累死了。仓颉带着这批资料,就在岐山县住下来。他不断地观察天象,观察山水风雨演变的现象,辨识鸟兽各式各样的脚印,或野兽、车辆经过后留下的痕迹,分清和区别各种纹理的异同,并开始创造文字。

仓颉造出文字后,感动了神灵,神灵从天上投下粮食,夜里的神鬼也惊吓得哭起来了。不久,仓颉受命担任统一文字和领导文字改革的专职官员。他又作为黄帝的史官,记载史事,部族的重大档案也都由仓颉掌管。

以上传说,在东汉许慎的《说文解字·叙》里记述得最为全面:"黄帝之史仓颉,见鸟兽蹄迒之迹(指鸟兽行走留下的痕迹),知分理之可相别异也,初造书契,百工以乂,万品以察。""仓颉之初作书,盖依类象形,故谓之文,其后形声相益,即谓之字。"

对于仓颉造字这一传说,历代学者普遍认为:"仓颉有可能是黄帝部族中极有影响力的巫师之类的人物。而上古时期,巫师、史官是由一个人担任的,仓颉在这方面作出过贡献,这样容易让人们把从事搜集整理文字工作的人误以为是汉字的创造者。对古文字颇有研究的鲁迅先生也曾经说过'在社会里,仓颉也不是一个,有的在刀柄上刻一点图,有的在门户上画一些画,心心相印,口口相传,文字就多起来了,'史官一采集,就可以敷衍记事了。中国文字的来由,恐怕逃不出这例子。"(引自《鲁迅·门外文谈》)

"文字" "图画" 原是一家

在有关汉字起源的几种说法中,"书画同源说"是比较令人信服的。书画同源,就是说汉字起源于图画。汉字是为了记录汉语而出现的手段。一种可以在相当大的范围内传递较多信息的手段,必须使接受信息的人和给予信息的人想到同样的内容，写实性的图画可以起到这样的作用。

据说，太平天国时期，清朝大臣曾国藩的部将鲍超被太平天国军队包围在某地，围城的太平军将领是陈玉成，外号叫"四眼狗"。鲍超是一个十足的大老粗，只认识他自己的姓，慌忙中他画了一张画叫人送给曾国藩。曾国藩打开一看，只见纸中间画了一个圆圈，圈里歪歪斜斜地写了一个"鲍"字，圈外画了四只狗。曾国藩看完以后，大吃一惊，知道他的部下鲍超让"四眼狗"陈玉成包围了，立即下令派兵去解围。从这个故事中，我们可以体会到文字起源于图画的道理。

汉字的起源和图画是密不可分的，但是从带有文字性质的图画转变为早期的象形文字还有一个漫长的过程，如果用来传递信息的图画只能识别，而无法读出声音，也就是说它还没有同语言建立对应的关系，那么这时它还只是图画。只有当它和语言结合起来，变得可识可读，并且它总体的直观性经过分析，变为一形即一词，这时我们才可以说它是文字。

"六书"——汉字的构造原理

古代汉字的构造方法，一般指"六书"而言，六书中的"书"不是书本或者书写的意思，而是指文字。

"六书"一词出于《周礼》"保氏掌谏王恶，而养国子以道，乃教之六艺：一曰五礼，二曰五乐，三曰五射，四曰五驭，五曰六书，六曰九数。"然而，《周礼》只记述了"六书"这个名词，却没加以阐释。首次说出六书内容的，是东汉班固承袭西汉末刘歆《七略》而作的《汉书·艺文志》，他说："古者，八岁入小学，故周官保氏掌养国子，教之六书，谓象形、象事、象意、象声、转注、假借，造字之本也。"对六书解释最详尽的是东汉学者许慎，他在《说文解字》一书中把六书的名目和次第修正为指事、象形、形声、会意、转注、假借。后代学者研究和诠释六书，在次序上主要是采用班固的说法，在称呼上采用许慎的说法。

六书不是预先制定的据以造字的原则，而是根据汉字的实际情况加以客观分析，总结出来的条例。这些条例的作用不完全一致。清代著名学者戴震在《六书论》中说过："指事、象形、形声、会意者，字之体也；转注、假借二者，字之用也。"意思是说，象形、指事、会意、形声是造字法，转注和假借是用字法，后世学者多采用这种说法。

"六书"所说的六种造字方法，互相联系、互相配合、互相补充，而又各有各的特点和作用，它们是一个系统，不能把它们分裂、孤立起来，也不能把它们等同、并列起来。

东海有一鱼——象形字

北宋时，王安石和他的朋友王吉甫两人经常在一起谈诗论文，有时也巧对谜语。一天，王安石对王吉甫说："我昨夜睡不着，作了一条字谜：'画时圆，写时方，冬时短，夏时长'，你猜是什么字？"王吉甫也是一位文学功底深厚的学者，一听便知谜底是一个"日"字。可他不直接回答，也写了一则关于"日"字的谜语去解王安石的谜底："东海有一鱼，无头又无尾，更除脊梁骨，便是这个谜。"王安石听了哈哈大笑说："你猜中了。"原来他们打的谜语的谜底都是"日"。

故事中"画时圆，写时方"的"日"字就是象形字，"日"像太阳之形，无论哪种字体的"日"字中均有一短横，学者们认为这一短横指太阳发光的黑子。从"日"字的构形，我们可以看出古人对太阳的观察十分细致，研究颇深。

象形就是描摹实物形状的造字方法，许慎对此的解释是："象形者，画成其物，随体诘诎，日月是也。"汉字里象形字不多。《说文解字》里象形字只有364个。汉代以后，一千多年来只造了"伞、凹、凸"等少数象形字，现在已不再用这种方法造字了。象形字为数不多，却是汉字造字的基础，后来的合体字有相当一部分是用象形字构成的。

古老的象形字是一种表形的文字。"象物之形"，这种方法具有很大的局限性。且不说抽象的意义无形可象，就是具体的东西，也不是都可以"象形"出来的。用这种方法构造汉字没法满足记录语言的需要，汉字由表形向表意发展，于是指事字和会意字应运而生。

"困"与"囚"——会意字

从前，有一户人家，院子中央种了一棵桂花树，每当桂花盛开之时，香气四溢，沁人心脾。一天，儿子放学回家后，看到父亲正挥动斧头，准备将桂花树砍倒。儿子大惊，急忙上前制止，问父亲为何砍树？

父亲放下手中的斧子，叹息道："这院子四四方方的，中间长着这么一棵树,看上去好像一个'困'字,我怕不吉利,所以准备将它砍掉。"

听了父亲的话,儿子笑道:"父亲,照您的说法,如果您将这棵桂花树砍掉,此院中就只有人了,那不又成了一个囚犯的'囚'字,岂不是更不吉利吗?"

儿子的回答,驱散了父亲心头的疑云,父亲一边收斧子,一边对儿子说:"你讲得有道理,任何事都要靠人去做,与字有什么关系呢?"随后就高高兴兴地回屋里去了。

故事中讲到的"困"和"囚"字为会意字,会意是指会合两个或两个以上的独体字以表示一种新的含义的造字方法。以上文为例,从"困"字可知种植在庭院中的树木,由于受到空间和范围的限制,不能自由生长,因而会意为"围困""受困"中的"困"字。"囚"字则是由人在围墙中引申出来的。

会意是为了补救象形和指事的局限而创造出来的造字方法。和象形、指事相比,会意法具有明显的优越性:第一,它可以表示很多抽象的意义;第二,它的造字功能强。《说文解字》收会意字1167个,比象形字、指事字多得多。直到现在,人们还用会意的方法创造简体汉字或方言字,例如"灶、尘、国、孬"等。

会意突破了象形和指事的某些局限。可是它本身的局限性也很大,第一,它所表示的意义是含混、不确定、不准确的。例如:"莫"是日在草中,表示"日暮",怎么就不可以理解为"日出东方"呢?"休"表示"人在树旁休息",怎么就不可以理解为"人在树旁劳动"?第二,代词和虚词没法会意,很多抽象意义也没法会意。

察而见意——指事字

明代李汝珍的《镜花缘》第九十三回谈到"众才女尽欢结酒令",其中有关于古人造字的方法:

春辉道:我说一个甘字,好像木匠用的刨子;

施艳春道:我说一个且字,像个神主牌;

褚月芳道:我说一个非字,好像笾子;

女武儿道:我说母字,好像书吏帽子;

书香道:我说山字,像个笔架;

秀英道:我说酉字,像个风箱;

小春道：我说伞字，就像一把伞；
红叶道：我说册字，像一座栅栏；
紫芝道：我说一个出字，像两个笔架；
尹红荑道：我说皿字，像一顶纱帽；
印巧文道：我说乙字，像一条蛇；
柳瑞春道：我也说个一字，像一条扁担。

这则酒令说到的且、非、母、山、酉、伞、册、出、皿、乙等都是象形字，"一"和"甘"为指事字。许慎说："指事者，视而可识，察而见意，上下是也。""视而可识"是一看就能识别它是什么事物，"察而见意"就是仔细考察才会发现这个字的含义。通俗地讲，指事字就是利用象征性符号来表示意义的造字法。有些指事字是象形字加象征性符号。例如表示树根的"本"，表示树梢的"末"，表示刀锋的"刃"等。"刃"字甲骨文是在一个"刀"的象形字上，在表示刀的刃口的地方加上一个点，指出这里是刀刃，酒令中说到的"甘"字本义为甜，在甲骨文中，"甘"字外形似口，中间一横表示衔着的甜美事物，这一横就是指示符号。

指事字和象形字不同。象形字是一个独体实物的形象；指事字是在独体实物形象（象形字）上加指事符号，或者是纯粹的抽象符号。指事字的特点是"指点"，表意没有象形字那么明显，一般可以单独画出来；指事字所表示的东西是抽象的，或者虽不抽象，却是局部的，不便单独表示出来。用简单的符号表示抽象的、复杂的、不能象形的意义，终究是比较困难的，于是，会意字应运而生。

同意相授——转注字

文字是记录语言的符号，而语言是发展变化的。一个词，读音变化了，或者各地方音不同，为了在字形上反映这种变化或不同，因而给本字加注或改换声符，这就是转注。许慎在《说文解字·叙》中给转注下的定义是："建类一首，同意相授，考、老是也。""建类一首"是说，转注出来的字和本字属于同一个部首；"同意相授"是说，转注字和本字意义相同，又可互作解释。

相传，在清朝晚期，有一个童生虽有才华，但因家境贫困，无钱打通关节，年近不惑，仍然没有考中，被人嘲笑。

这年，童生的准备尤为充分，又抱着侥幸心理去应试。主考大人见他仍不死心，于是出了个上联，加以奚落：

上钩为老，下钩为考，老考童生，童生考到老

童生觉得主考大人有失礼教，欺人太甚，当即属对，以抒怨愤：

二人成天，一人成大，天大人情，人情大如天

上联中的考、老反复交替使用，论其字形和本义，互为转注。这是因为在古代，"老"字与"考"字是同一个字。"老"字甲骨文的写法像长发、屈背老人扶杖的样子，后来读音有了变化，为了反映这种变化，成为"考"。先有"老"，后有"考"，"考"是"老"的转注字，是从"老"分化、派生出来的。"老、考"同属"老"部，意义相同，可以互相注释，声音相近，这就是转注的条件。

依声托事——假借字

现在，如果有人说起"东"的原意是口袋，西的原意是鸟入巢息止，听的人也许感到很新奇，因为这样的解释与"东""西"两字的通常用法相差很远。但是，从文字学的观点来看，这样的解释是很正常的，这是"东""西"两字的本义，而"东""西"作方位词则是假借义。

汉字是由象形、象意的文字发展起来的。有的外物有形象可以描绘，有的意思可以利用图像和笔画来表现，可是有很多代表某些事物的概念不能用象形、象意的方式随时造出文字来表现，于是就假借已有的音同或音近的字来代表，这种跟借用的字的形义完全不合的字就称为假借字。许慎给假借下的定义是："本无其字，依声托事，令长是也。"本无其字，指某种事物已经产生，但没有字来记录它；依声托事，指用一个音同或音近的字来代替。例如"请柬"的"柬"，它是"简"的假借字。简，竹简，古人将字写在竹简上，所以把请帖称作"简"，但偏偏不写"简"，而要写另一个同音字"柬"，成了习惯，谁要是写成"简"，反成别字了。

假借是说借用已有的文字表示语言中同音而不同义的词。由于假借字的字形与借用它的词的词义没有任何关系，使汉字出现了以声表意的倾向。它与形声字的出现，从不同的角度促进了汉字由表意向标声的方向发展。

取譬相成——形声字

"文革"时期,盛行"外行领导",某人不学无术,靠造反起家混到某大报主编的位置,开大会作报告时,常常把"墨西哥"错念成"黑西哥"。听众大笑,主编生气地说:"墨也是黑的,有什么可笑的!"这真应了我国那句俗语:"秀才识字认半边"。

"秀才识字认半边",主要是对形声字说的。许慎说:"形声者,以事为名,取譬相成,江河是也。"以事为名,指用与事物相关的字来造字,表示新的意义,这是就形而言。取譬相成,指取读音相近的字表示新的读音,这是就声而言。可见,形声字是一种形旁和声旁并用的造字方法。例如"一唱一和"的"和","口"是形旁,表示"和"是口的动作;"禾"是声旁,表示"和"的读音。

纯表意的象形字、指事字和会意字是形声字的造字素材:形旁的来源主要是象形字,如"口、心、衣"等;声旁的来源主要是象形字(如"禾")、指事字(如"刃")和会意字(如"旦")。后起的形声字也有用原来的形声字作声旁的,例如"影"字的声旁"景",本身就是个形声字,"日"是形旁,"京"是声旁。

形声字有两大优点:第一,它有表声成分;第二,它的造字方法简单。选择一个同音或近音字作声旁,再配上一个合适的形旁,就可以造出一个新字来。而且,同一个声旁加不同的形旁、同一个形旁加不同的声旁,就是不同的字。

第一章　古人眼里的世界

七上八下——"上""下"二字趣说

"上"是位置在高处,"下"是位置在低处,"上"和"下"是一对相反的概念,也是一种很虚化的概念,这种虚化的概念是如何造字的呢?许慎在《说文解字》中云:"指事者,视而可识,察而见意,上下是也。"他把"上"、"下"二字作为指事字的代表来举例说明汉字构型,这是为何呢?

上： 　　　（甲骨文） 　　　（金文） 　　　（小篆）

下： 　　　（甲骨文） 　　　（金文） 　　　（小篆）

如图所示,甲骨文的"上"和"下"字是用一长一短两画的相对位置来表示意义的,如果短画在长画的上面就是表示"上",是位置在上的意思,反之则是"下"。这里的长画是一个平面物的抽象概括义,短画则是任何物体的抽象代表。

"上"的本义指高处、上面；引申义指等级或品质高,如上级、上品；又指次序或时间在前的,如上册、上半年。上还可用作动词,有由低处向高处升登的意思,如上山、上楼；又有由此处向彼处前进的意思,如上街等。"下"的本义指低处、下面；引申义有等级或品质低,时间或次序在后等义。

上、下还可连用,比如,"上下五千年"中的"上下"是表示时间前后的意思,"60岁上下"中的"上下"是表示差不多的意思,"上上下下"表示无所不包的意思。

手相左助——"左"字趣说

关于"左"字,《说文解字》云:"左,手相左助也。"

ᚼ(甲骨文) ᚼ(金文) ᚼ(小篆)

如图所示,甲骨文的"左"字是一个左手的形状,"左"的本义为左手。"左"字最初本是一个象形字。到了金文时,在手形下加"工"。"工",有的学者认为是斧、锛之类的工具,可见"左"的本义是左手执斧、锛等工具帮助干活,后来"左"专用于指"左右"之"左",人们在"左"字的左边加一个"亻",成为"佐",以此表示"辅佐""帮助"的意思。

所以,"左"字的本义指左手,引申为方位名词,凡在左手一边的都叫"左",与"右"相对。由于人面朝南时,左手一方为东方,因而称东方为"左"。如《晋书·温峤传》:"元帝初镇江左。"其意思是元帝初镇江东。左字还有较低的位置或等级的意思,古人常以右为上,以左为下。根据我国传统的习俗,春秋以前以左为尊。战国以后各朝代基本上以左为卑,为下。如被贬职的官员则称为"左迁",不能登大雅之堂的技艺被称为"旁门左道"。现代则又尊左,比如人们把进步的、革命的人称为"左派"。

手口相助——"右"字趣说

关于"右"字,《说文解字》云:"右,手口相助也。"

乂(甲骨文) ᚼ(金文) ᚼ(小篆)

如图所示,甲骨文"右"字像一只向右边伸出的手形。右的本义指右手,引申为方位名词,凡在右手一边的皆称"右",与"左"相对。

"右"字本是一个象形字。甲骨文的"右"字又可作为"又",是右的本字。后来由于"又"多借用为副词,所以金文就在"又"下增加一个"口",作为表示"右手"或"左右"的"右"的专字。这个"口"

字，既表示人的嘴巴，也表示釜形和方形的器具，还表示建筑物的一部分，如台阶、门槛、供桌等。之所以要以"口"字构型，有学者认为，因为从古至今，人们绝大多数都是以右手持器具来工作劳动的，所以，要以"口"字构型。"右"由"帮助"引申为"保佑"的意思。如《汉书·翟方进传》："是天反复右我汉国也。"这里的"右"就是"保佑"的意思。不过"右"的"帮助"义古人另造一字来表示，在"右"的左边也加一"亻"，即为"佑"。

"右"是方位词，面向南方时，东为左，西为右，所以"右"又常指西边。古代尊崇右方，把右方视为较高的位置。例如，汉魏以后把世家大族称为"右姓""又族"等。

关于"右"字，有这样一个故事：相传有个读书人第一次去岳父家，走着走着来到一个岔路口。"是向左还是向右？"他不知该走哪一条路才好。他四下一看，见不远处有块石头，有个顽童在石头边玩耍。他连忙向那个顽童问路，那个顽童从石头后边探了一下头，没有说话。读书人以为顽童没有听明白，又问了一遍，那个顽童又从石头后边探了一下头。读书人以为顽童耍他，恼羞成怒，正要发作，忽然领悟到：顽童两次从石头后边探出头来，这不是告诉我，"石"字出头是"右"字，我该走右边这条路吗？他向顽童道了谢，就顺着右边这条路走下去，没走多远果然到了岳父家。

没完没了——"了"字趣说

"了"字是生活中用的最多的字之一，"了"字写起来很简单，但来历却不简单。我们现今所能确定的"了"字最早的形态是小篆。

（小篆）

《说文解字》中云："了，尥也。从子无臂，象形。"如图所示，"了"字的篆文像子无臂之形。这里是用小儿两臂及两足皆捆缚于襁褓之中表达收束之意。

"了"字本义为收束。这时的"了"字读 liǎo，例如"没完没了"。引申为"决断、决定"之义，例如"了断"。由决断引申指"聪慧"的意思，例如"小时了了""大未必佳"。又引申指"明白、清楚"的意思,例如"不甚了了""了如指掌"等。

由"了"字的"了结"义,引申为表示动作行为的过去时的时态助词。作助词的"了",读 le,轻音。

"了"还可作偏旁,现今归入乙部。凡从"了"取义的字皆与幼小等义有关。以"了"作义符的字有:孑、孓。以"了"作声符的字有:辽、钌、疗。

关于"了"的用法,有这样一则笑话可以帮助我们正确使用"了"字:从前有一对师徒,两个人做文章都酷爱用"了"字。一天,学生向老师交上了一篇文章,每句都有"了"字。老师看后,提笔写道:"你用的了太多了,了要被你用了了。为了不把了用了,今后不要用了了。"别人看了讽刺说:"师用了,徒用了,了多的毛病怎改了?别改了,别改了,反正了字用不了。"

大象人形——"大"字趣说

所谓"大",一般是指体积、面积、数量、力量、强度等方面超过通常的情况或超过所比较的对象,这是一个很抽象的概念,古人是如何来表现"大"的呢?

(甲骨文)　(金文)　(小篆)

如图所示,"大"字的甲骨文和金文均是一个从正面描绘的人的形象。古人认为,人是天地间最伟大的。《说文解字》中说:"大,天大,地大,人亦大,故大象人形。"所以,"大"字的本义是人的正面形象。

"大"字的引申义有"容量""体积""强度""面积""数量""力量""年龄"或重要性方面超过一般或所比的对象。如"大风""大数目""大力士""大哥"等。引申义还有"程度深"等意义,如大热天。"大"也可作敬辞,如"尊姓大名"。

"大"字除了"dà"这个读音,还有"dài"这个读音,这个读音的词有"大夫"等词。大夫是对医生的尊称。为什么称医生为"大夫"?大夫在古代是一种官职,读作"dà fū",但不是医官。古代时,天子及诸侯都设立这种官职,分为上大夫、中大夫、下大夫三级。秦汉以来,有御史大夫、谏大夫、太中大夫、光禄大夫等名。到了宋朝,开始设置大夫以下的官阶。医官最高级是大夫，其次为郎，又称郎中，以下便是医效、祗候等。后世之人，因为大夫是医官中最高的职位，所以把大夫作为医生的尊称。为了区别于官名，称医生为"大夫"，此中"大"读作dài，而不读dà。

至高无上——"天"字趣说

中国古代神话中有一个著名的神话人物叫"刑天"，据《山海经·海外西经》中载："刑天与帝争神，帝断其首，葬之常羊之山，乃以乳为目，以脐为口，操干戚以舞。"因此，刑天常被后人称为不屈的英雄。东晋诗人陶渊明《读山海经》诗："刑天舞干戚，猛志固常在。"即说此事，借寓抱负。"刑天"本是一个无名的巨人，因为他被天帝割下了头，因而称"刑天"，"刑天"是砍头的意思。那么"天"字为何意呢？

（甲骨文）　（金文）　（小篆）

如图所示，在甲骨文和金文中的"天"字，像一个正面而立的人形，而特别突出了人的头形。这个头形到了小篆时期简化成一横。天的本义为人头或头顶。《说文解字》中云："天，颠也，至高无上。"许慎在这里既讲了"天"的本义就是"头顶"，又指出"天"的引申义是"至高无上"，这是正确的。

"天"字由"头顶"的本义引申为头顶以上的天空，还可以用来泛指自然界。凡自然生成的事物均可称为"天"，如天文、天气、天险、天然等。现在则把一昼夜的时间也称为"一天"，如一整天、今天、明天等。

古人认为天是有意志的神，是万物的主宰，是至高无上的权威，因而把天称作"天神""上帝"，而把统治人间的君王称为"天子"，即上天之子。在中国人的传统观念中，"天"关心民众，也最公正无私。例如古人受了冤屈之时，常求助于天，还将清官称为"青天"等。

"天"字的本义有时还会用到，例如现在中医学将治疗头疼的中药称为"正天丸"，其中的"天"就是"头"的意思。

阳光不到之处——"阴"字趣说

我国大部分地区位于北温带，因此，古时人们总是看到太阳照在南面的山坡上，而北面很少能接受到阳光的照耀，因而山的北面叫"阴"。如果参照河流，在峡谷中人们总是看见太阳照在河的北岸，南岸却见不到阳光，因此河的南面叫做"阴"。

阴（甲骨文） 阴（金文） 阴（小篆）

甲骨文"阴"左边的符号表示"山"，右边字的本义是乌云蔽日造成阴暗无光的状况，这个字还表示读音。"阴"在金文和小篆中的结构和写法基本相同。"阴"的本义就是指山的北面或水的南面，是一个表示方位的概念。

"阴"与"阳"相对，"阴"由此引申为"背阳的部分""不见阳光的地方"。例如"树阴""背阴"。由"背阳的部分"又进而泛指背面。"阴"还有"寒冷""潮湿"的意思。"阴"还有一个意思是"不外露的、秘密的、不光明的"，如"阴谋""阴沟"等。由"不显露"的义引申为"凹下"，如"阴文"是印章或其他器物上铸刻的凹下的文字或花纹。此外，"阴"还指死后之事，如"阴宅""阴间"。

阴阳是中国古代哲学的一对范畴。阴阳的最初含义是很朴素的，表示阳光的向背，向日为阳，背日为阴，后来引申为气候的寒暖，方位的上下、左右、内外，运动状态的躁动和宁静等。中国古代的哲学家们进而体会到自然界中的一切现象都存在着相互对立而又相互作用的关系，就用阴阳这个概念来解释自然界两种对立和相互消长的趋势，并认为阴阳的对立和消长是事物本身所固有的，进而认为阴阳的对立和消长是宇宙的基本规律。

太阳——"阳"字趣说

远古时期，日升日落，斗转星移，这些自然现象启发了人们最早的方位意识，而中国大多数山川是东西走向，人们总是看见太阳照在朝南的山坡上，古人以此现象为依据，造出了"阳"字。

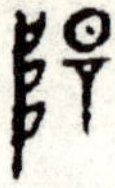

（甲骨文） 　（金文） 　（小篆）

如图所示，甲骨文的"阳"字，左部的符号表示山，右部的符号是"昜"，表示太阳和阳光，整个字形表示太阳照在山的南面，这也是"阳"的本义。引申指太阳、日光；又引申为凸出的、表面的、外露的等义。如果参照物是河流，在峡谷中人们总是看见阳光照在北岸，河流的北岸就是"阳"。

"阳"和"阴"是一对相对的古代哲学概念。古人认为，任何事物都包含两个方面，天和地、日和月、男和女等自然现象和社会现象都可以用"阳"和"阴"来比附。阴阳不但相伴产生，而且相互转化，彼此消长。

在现代社会，"阳"字最常用的用法是组成"太阳"一词，太阳为什么叫太阳呢？当初是怎么命名的？其实，在古代，"太阳"一词起初并没有日光的意义，"太阳"是表示极盛的阳气。古人认为，世界万物分为阴阳。柔软的、黑暗的、不明显的东西叫做阴；阳刚的、正直的、热烈的东西叫做阳。而阴阳又有少阴、少阳、太阴、太阳之分。在这个世界中，最能代表"阳"的就是日光，于是太阳便叫做太阳。而月亮在古时也叫太阴，"月亮"一词也是后来由于语言习惯演化的口语叫法。

始终如一——"一"字趣说

"一"字是一个神奇的汉字，从古至今，尽管"一"字外形始终如一，但其含义是非常丰富的。

（甲骨文）　（金文）　（小篆）

如图所示，"一"字在甲骨文、金文和篆文中都是一横。清代学者段玉裁说："一之形于六书为指事。"意思是"一"字按照六书的分析为指事字，"一"是古人的记数符号，可能是画的一道横杠，也可能是一个筹码。可见，"一"字的本义为最小的正整数。

随着社会的发展，古人赋予"一"字极其丰富的内涵。在他们看来，"一"是至高无上的，是万物的开端，正是由于有了"一"，才派生出了整个世界。如老子在《道德经》中说："道生一，一生二，二生三，三生万物。"东汉许慎也在《说文解字》中说:"一,惟初太始,道立于一,造分天地,化成万物。"

"一"字的本义为最小的正整数,在"一"字的使用中,人们还引申出很多意义。由于"一"字常用以表示人或事、物的最少数量,故"一"字有"最少"的意义,由"最少"的意义又可以引申出"偶然"的意思,例如"一旦"。"一"字还可以表示序数,例如,成语"一不做,二不休",意思是:第一不要做,一旦做起来,就不要罢休。此外,"一"字还有"专一""纯正""全部"等义。

正因为"一"字的含义如此丰富,因此,我们在使用"一"字时,要结合上下文,才能明白它的具体意思。据说,古代某一年科考,三个进京赶考的考生都想知道自己能不能考上,于是就结伴来到一个算命先生那里占卜,算命先生知道了他们的来由之后,闭着眼睛伸出一个手指头。考生不明白这是什么意思,求算命先生说明。算命先生说:"天机不可泄露。"发榜之日,三个考生中只有一个榜上有名,他们都觉得算命先生很神奇,于是又来到算命先生这里,求他占卜一下其他两人何时考上。这时,算命先生说实话了:"其实我也不知道你们能不能考上,但是我伸出一个手指头,却把各种情况都说到了。如果中一个,就代表中了一个;如果中了两个,就代表有一个不中;如果三个都考上,这一个手指头就代表全部考上;如果三个都没有考上,就代表一起不中。"算命先生正是利用了"一"字的多义性来骗人的。

以"贰"代"二"——"二"字趣说

古人云"积画为数",同"一"字一样,古人也是用两个筹码或画的两道来表示"二"字。

二 (甲骨文)　　二 (金文)　　二 (小篆)

如图所示,从甲骨文到金文和篆文,"二"字的形体没有变化。"二"为指事字,本义为数字"二"。"二"字还表示序数,有"第二"的意思。"二"字由"第二"的意思还引申出"副"的意思,例如,《礼记·坊记》:"君子有君不谋仕,唯卜之日称二君。""二"还有"再次、两次"的意思,例如,《宋史·吴璘传》:"此孙膑三驷之法,败而二胜也。"

在实际使用中,"二"字还有一个大写的"贰"字。其实"贰"当初并不是表数目的。《说文解字》云:"贰,副益也。"段玉裁作注时说:"当云副也,益也。"可见,"贰"的本义为"副",并不表数目。"副"作为表数目"二"字的大写是一个假借。

汉字中十个数字的大写,起源于明太祖朱元璋。据史料记载,朱元璋曾任命郭桓为户部侍郎,郭桓在任职期间与地方官吏勾结,贪污政府的钱财,其数目达2400万石精粮,数目之大相当于当时全国的秋粮实征数。此案牵涉到12个朝廷大臣及上万地方官吏。朱元璋一怒之下,下令将12个朝廷大臣及上万同案犯全部斩首示众。为了杜绝财务上的混乱状况,朱元璋在财务上实行了一些有效的管理措施,其中比较重要的一条就是把汉字中的数字"一二三四五六七八九十百千"等在记账时改成大写的"壹贰叁肆伍陆柒捌玖拾佰仟",以此堵塞财务上的一些漏洞。由此,"贰"作为"二"的大写。

完美的"三"——"三"字趣说

相传,唐代有位高僧名叫圆泽,他有个好友叫李源善。二人一起在外散步之时,突然见到一个妇女正在河边打水,圆泽停住脚步对李源善说:"我一直想避开这个女人,现在避不开了。我见到她后,自己就要死了。"李源善看了看那个妇人,是个怀孕的女子,没什么特别。为什么看到她之后,圆泽和尚就要圆寂呢?圆泽接着说:"这女人怀孕已经三年,专等我去投胎托生。你三日之后去这女人家看望我,她的新生儿子如果对你一笑,那就是我圆泽了。十三年后的中秋之夜,你到杭州天竺寺去找我,我们可以再次见面。"说完,圆泽回寺坐化。

过了三日,李源善去拜访那位妇人,他半信半疑地想,这就是好友圆泽的母亲吗?待真的见到她刚刚生下的孩子,又见那初生婴儿奇怪地对自己一笑之后,他相信了。

十三年后的中秋夜,李源善去杭州天竺寺,刚到庙门就听到一个十多岁的牧童在唱歌,他深信不疑,这真是三生的缘分。

三生的说法最初来自佛教,佛教中"三生"的说法指的是人的前生、今生和来生。"三生有幸"是形容十分幸运。"三"是一个表示数目的字,在甲骨文中是以三横画表示数目,是"三"的原始记数符号。"三"字在中国传统文化中具有丰富的内涵,《说文解字·三部》:"三,天地人之道也。"人们观察天地、日月星辰及人类社会,常"以三为法",来描述自然与社会。如"三才"指天、地、人;"三光"指日、月、星;"三星"指福、禄、寿;"三友"指松、竹、梅。我国土生土长的道教和从印度引进的佛教也对"三"情有独钟。老子《道德经》中说:"道生一,一生二,二生三,三生万物。"道教的最高神称为"三清",即玉清元始天尊、上清灵宝天尊和太清道德天尊。道教将宇宙划分为上界、地界、水界三部分,将时间划分为无极界、太极界和现世界。佛教将世界分为天堂、人间、地狱三部分。佛教的经典分为三藏:经、律、论。佛教对信徒提出了"三皈依",即皈依佛、皈依法、皈依僧。佛教还对精于佛教经典的高僧称为"三藏法师"。

古希腊人把"三"(3)称为最完美的数字。他们认为任何事物都必须经历开始、中期和终了三个阶段,因而认为"三"具备神性。在古希腊神话中,称整个世界由三位神仙主宰,他们是手执霹雳的主神朱庇特、挥舞三叉戟的海神波塞冬、手牵二头狗的冥神普路托。他们认为世界由三部分组成,即大地、海洋和天空;大自然包括三项内容,即动物、植物、矿藏;人体有三重性,即肉体、心灵、精神。

散布四方——"四"字趣说

关于"四"字,《说文解字》云:"四,阴数也,象四分之形。凡四之属皆从四。"注云:"谓口象四方,象征阴阳之气,散布四方。八象分也"。(八极俱分)

(甲骨文)　　(金文)　　(小篆)

"四"是一个数目字。古时先民"积画为数","四"跟"一""二""三"一样,都是叠起的横画,只是"四"到了秦篆阶段,又借用了金文中发"四"时的口型,再经简化,后成目前的"四"字。

中国文化博大精深,有很多都与数字"四"有关,例如,中国古代四大发明:造纸术、指南针、火药、印刷术;祥瑞四灵:麒麟、凤凰、乌龟、龙;中国古代四大神兽:东方青龙、西方白虎、南方朱雀、北方玄武；人生四喜：久旱逢甘霖、他乡遇故知、洞房花烛夜、金榜题名时；人生四美：良辰、美景、赏心、悦事；儒家四德：孝、悌、忠、信；古代妇女四德：妇德、妇言、妇容、妇功等。

从天文历法上计，"四"即"黄帝四面""四仲中星"之谓也。冬至、夏至、春分、秋分即"黄帝四面""四仲中星"的内涵。四正立则八极分，故四字中含八字。八八六十四，六十四势即周天六十四公度年之谓也。故《易·系辞》曰："易有太极，是生两仪，两仪生四象，四象生八卦。"古四象又称四马、四绳。四马者，四时之马，春夏秋冬、朔望晦弦之谓也；四绳者，准绳也，天地万物莫不以此为准也。

佛教中有中国四大菩萨：观音菩萨、地藏菩萨、普贤菩萨、文殊菩萨；有佛教四大名山：山西五台山、浙江普陀山、四川峨眉山、安徽九华山。道教也有四大名山，即江西龙虎山、湖北武当山、安徽齐云山、四川青城山。京剧中有四大行当和四种艺术手段，四大行当指生、旦、净、丑四种类型的角色；四种艺术手段指唱、念、做、打四种基本功。

二物交错之形——"五"字趣说

关于"五"字，《说文解字》云："五行也，从二，阴阳在天地间交午也。"

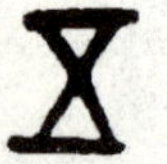

Ⅹ（甲骨文） Ⅹ（金文） Ⅹ（小篆）

如图所示，古文字的"五"字，从二，从乂，像二物交错之形，"二"代表天地，"乂"表示互相交错，"五"的本义为交错。"五"字在古籍中常与"午"字相通用，本义为"交午、纵横交错"，后借用为数目名称。

"五行"指古代称构成各种物质的五种元素，即水、火、木、金、土。"五方"指东、西、南、北、中。"五音"指宫、商、角、徵、羽五种音调，也叫"五声"。音韵学上区别声母为喉、舌、齿、唇、牙五种，叫做五音。"五经"指儒家的五部经典，即《周易》《尚书》《诗经》《礼记》《春秋》。"五常"指仁、义、理、智、信。"五伦"指君臣、父子、夫妻、兄弟、亲友。佛教称不杀生、不偷盗、不邪淫、不妄语、不饮酒为"五戒"。

此外，月、水、松、竹、梅为"五洁"；青、黄、赤、白、黑为"五彩"；耳、目、口、鼻、身为"五官"；心、肝、脾、肺、肾为"五脏"；酸、辣、苦、甜、咸为"五味"；金、银、铜、铁、锡为"五金"；泰山、华山、衡山、恒山、嵩山为"五岳"；稻、黍、稷、麦、豆为"五谷"；花椒、八角、桂皮、丁香、茴香为"五香"；蜈蚣、蛇、蝎子、壁虎、蟾蜍为"五毒"。

六六大顺——"六"字趣说

从古至今，"六"是一个受人喜爱的数字。远古时期，东夷族部落首领皋陶的后代散居在江淮一带，周王封他们在安徽六安一带建立"六"国。春秋时，六国被楚国所灭。国君的后代就以原来国名"六"作为姓氏。另外，明代方孝孺的后代避难于江阴时，亦改为六氏。"六"字最常用的用法还是用来表示数字，"六"字是如何造型的呢？

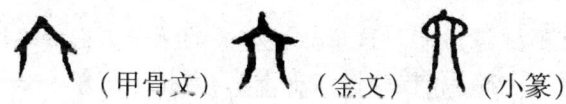

（甲骨文）　（金文）　（小篆）

如图所示，从甲骨文和金文的字形看，"六"像一间结构简陋的房屋。所以，"六"的本义是指草庐，是一种建于田间或郊野作为临时居所的房子。六为"庐"的本字。由于读音相近的关系，六借用为数词，故另造一个从庐（廬）声的"庐（廬）"字来代替它的本义。

"六"字是一个充满了文化内涵的数字，例如，"六合"指上下和东西南北四方，代指天下或宇宙。"六亲"指父、母、兄、弟、妻、子，又泛指亲属。"六神"指心、肺、肝、肾、脾、胆六脏之神。佛家认为，眼、耳、鼻、舌、身、意六者是罪孽的根源，如悉皆消除，谓之六根清净。美术范畴中用"六"字者不凡，如画忌六气，即俗气、匠气、火气、草气、闺阁气、蹴黑气；画有六要，指的是气、韵、思、景、笔、墨等。

其他用"六"字者较多，如音乐中有六律、六英、六茎、六舞等；词牌中有六州、六幺令；戏曲中有六幺、六分脸（京剧脸谱）、六旦（贴旦）、六场（胡琴、月琴、南弦子、单皮鼓、大锣、小锣）、六场通透（兼擅表演和音乐的多面手）等。官名有六司、六典、六部、六傅等。

七日来复——"七"字趣说

"七"是一个常用的数字,"七"字是如何造型的呢?

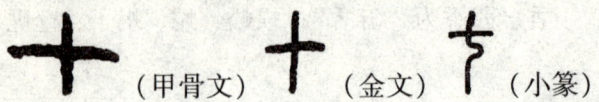
（甲骨文） （金文） （小篆）

如图所示,古文字的"七"字,是在一横画中间加一竖画,表示划物为二,从中切断之义。"七"为"切"的本字。后来借用为数目字,于是在"七"字的基础上再加刀旁,以作为切断的专字。

随着金文的出现,甲骨文和金文的"七"字,与金文的"甲"字和小篆的"十"字非常相像,容易混淆不清,后来,为了避免这种重复和混淆的现象,到了小篆阶段,便把甲骨文和金文"十"字的竖笔的下半截变成了"竖弯竖",于是以小篆为基础,便相沿发展而成为现在的"七"字。

在中国文化中,有不少与"七"这个数字有关的例子。古诗多以七言为主体。汉代刘向著《七略》,枚乘作《七发》,曹植、王粲、张载皆有《七哀》诗。战国有七雄,汉有建安七子,晋有竹林七贤。佛教把水、火、风、空、见、识等七种要素,谓之"七大"。许多人体及自然现象都与"七"有关。太阳的光线有七色:红、橙、黄、绿、青、蓝、紫。人有七情:喜、怒、哀、惧、爱、恶、欲。

习惯于运用"七"这个数字的民族心理,归源于"七"在人体及天地万物中的客观存在及其规律性。《易经》曰:"反复其道,七日来复,天行也。"王弼注:"阳气始剥尽至来复,时凡七日。"孔颖达疏:"天之阳气绝灭之后,不过七日阳气复生,此乃天之自然之理,故曰天行。""七日来复"之说,揭示了天地阴阳的循环规律及人体的节律变化。巧的是,西方人以七日为一星期也暗含其理。

八字还没一撇——"八"字趣说

"八"是中国人喜欢的一个数字,由于"八"与"发"谐音,因而成了生意兴旺发达之数,所以民间有"要得发,不离八"的说法。"八"更是深受商业界、企业界人士的青睐。他们在商品定价时几乎离不开

"八"。有的单位开业择日时，也要选择带有"八"字的日子。"八"字的来历又是怎样的呢？

八（甲骨文） 八（金文） 八（小篆）

如图所示，从古至今，"八"字的形体基本相同，均是由两条相背、分开的曲线构成，是一种近似符号性质的指事字。《说文解字》云："八，别也。象分别相背之形。""八"字的本义为将物分开。这种解释，与古代民俗"七不出门，八不还家"的说法相吻合，所谓"七不出门，八不还家"，是说所有逢七的日子，即每月的初七、十七、二十七，不出门做生意，因为逢七出门不吉利；所谓"八不归"是说所有逢八的日子，凡是游历在外的人不宜于归家，因为这一天是分离的日子。这种民俗的形成，或许是古人造"八"字时的心理的一种反映。

"八"字的本义为分别，后来假借为表示数目字。"八"假借为表数目的字以后，便失去了它的本义，致使许多人只知"八"表示数目，不知它的本义为"分""分别"。

民间流传着"八字还没一撇"这样一句话，很多人以为这句话的意思是写作"八"字时第一个笔画"撇"还没有写完。其实不然，这里所说的"八字"，是指中国古代用以指人出生的年、月、日、时四项，每项两个字，总共八个字。在古人看来，"八字"决定人的命运，"八字还没一撇"的意思是说人的命运还未算准。由此引申出事情才开始，好坏成败还看不清楚的意思。

九九八十一——"九"字趣说

"九"是一个表示数目的字，然而，最初它并不是用来表示数目的。

九（甲骨文） 九（金文） 九（小篆）

如图所示，甲骨文和金文中的"九"字都像人的手臂弯节的形状，指手肘，"九"字当为"肘"的本字。古人造数目字是从一开始造到九，他们认为"九"是最终的数，而数到最终会发生变化，所以就借用"肘"的弯节变化之形来表示"九"字，"就"被借用为数目字，除专指"9"这个特定的数目外，也虚指多数，还有至大、至高之义。"九州"这个词最早是指春秋战国时期的九个行政区，后来泛指中国。九鼎，相传是夏禹铸造，象征九州，是夏、商、周三代的传国之宝。

在中国传统文化中，九为单数之至也，数字到了这里，就上不去了。八卦阳爻用九，九为太阳，也就是"大"阳。九九重阳，阳之至也。阳寓意生命，阳寿就是有生之年，所以九九重阳为老人节，祝愿老人阳寿绵长。九九八十一，更是大吉大利的数字。

关于"九"字，有这样一个故事：有位老汉小名叫九，他的家人一般都要回避"九"以示尊敬。这位老汉的儿媳妇非常聪明，说话不只是避开"九"字，连"九"的音也避开，以此表示对公公的尊敬。老九因此常常对乡里人夸奖他的儿媳妇。一天，同村有九个老头儿相商要和老九打赌，说如果他儿媳果真不说"九"，他们便输一桌酒菜；若他儿媳沾上了"九"字的音，老九就得输一桌酒菜。老九欣然答应。第二天，九个老头趁老九不在家时，每人左手提着一个小酒壶，右手拿着一把韭菜，来到老九家门前，要他儿媳转告老九，务必说清他们今天来的是几个人，每人都拿着什么东西。说完后九个老头就假装走开，悄悄地藏在墙角处静静等着听。一会儿，老九回家了，只听得儿媳朗声说道："公公，刚才来了四公加五公，每人左手提把扁扁壶，右手拿着把扁叶葱，要请公公到对面小楼上去喝几盅。"九个老头听了，只好认输。

十全十美——"十"字趣说

中国人向来喜欢数字"十"，关于"十"的成语和事物也特别多，例如，"十全十美""十面埋伏""十口相传""十万火急""十恶不赦"等，各种评选活动也离不开"十"，例如十大名曲、十大元帅、十大大将等。

▎（甲骨文） ▮（金文） 十（小篆）

如图所示，"十"字在甲骨文中为一竖画，是个指事字。甲骨文的"十"字反映了古人计数的方法。古人以一横作为数字的开始，以一竖作为数字的结束，满了"十"，又从"一"开始，这说明在夏商时代古人已有了十进位的概念。金文在竖画中加点以区别一般的竖画，到了小篆时候，这一点发展为短横。

"十"的本义为表示数目，由于"十"是自然数中最大的、最末的一个数，因此古人称之为满贯之数，所以"十"又引申为"完满"的意思。《说文解字·十部》云："十，数之具也。一为东西，丨为南北，则四方中央备矣。""十全十美""十面埋伏""十口相传""十万火急"等成语中的"十"字便是采用了"十"字的引申义。至于各种评选活动也离不开"十"，则是依照我们民族的心理习惯、人们喜欢追求"十全十美"的原因。

在西方宗教界，"十"字是基督教的徽号。十字架，原是古代中东和欧洲的一种刑具，传说耶稣被钉死在十字架上。基督教认为，耶稣是为了替世人赎罪而被钉死在十字架上的，故尊十字架为信仰标记，基督教徒在胸前画十字的仪式，也是由此而来的。这一礼仪象征基督在十字架上受罚死亡，以拯救世人的功德。

自从国际红十字会成立以来，"十"字又成为伤兵救护的徽号，它代表中立和人道主义，成为医疗救护事业的标志。此外，绿十字是国际通用的劳动安全卫生标志，因为安全生产是人类生存的永恒主题。蓝十字是国家医疗机构的统一标志，国际上蓝十字会是兽医组织。

物中分也——"半"字趣说

关于"半"字，《说文解字》中云："物中分也，从八从牛，牛为物大，可以分也。"

半（金文） 半（小篆）

如图所示，"半"字上部是"八"，表示分的意思；下部是"牛"，上下合起来就是指"分开的牛"，古代在杀牛的时候，要一半一半地把牛分解开来，所以"半"造字就用分解牛体来会意。"半"的本义是指事物的二分之一（即一半）；引申为"在……中间"，如半夜；又比喻很少的意思，如一星半点；还有不完全的意思，如半成品、半透明等。

传说唐代著名的边塞诗人高适任两浙观察使时，一次奉命到浙东台州巡察。路过杭州清风岭，因天色已晚，就住在清风岭寺庙中。时至中秋，月色正好，高适登山观赏夜景。来到山顶，阵阵秋风吹来，使人感到有些凉意，松树上滴下来的露水浸湿了衣服。松间白鹤在明月下展开了翅膀。此时夜色已深，月亮低垂，映照着山下的江水。高适回到房中，向和尚讨了笔墨，在寺庙的壁上题了一首诗，把在月下所观赏的夜景写了下来:"绝岭秋风已自凉,鹤翔松露湿衣裳。前村月落一江水,僧在翠微闲竹房。"第二天清晨,高适离开清风岭,往台州赶路。乘船过江时,突然发现江水退了许多,从两岸的水痕看,江面只有原来的一半宽了。原来,钱塘江是随潮汐涨落的。月亮升起时,江水随潮而进,江面顿宽;月落时,江水又随潮而退,只剩半江。这时他想起了自己的诗句"前村月落一江水"中的"一"不妥,应改为"半",才能准确地反映出钱塘江水随潮涨落的特点。一个月后,高适办完公事,再经过清风岭,想提笔改诗时,发现那"一"字已被人改成"半"字了,真是英雄所见略同。后来,高适四处打听改诗的那个人的姓名,却一直没有寻到。

今是而昨非——"是"字趣说

什么是"是"?有人这样回答:"是"可以是认定、断定、承认、接受时的一种状态。从古至今,很多人终其一生,都在追求"是"这种状态。"是"是如何被古人创造出来的呢?

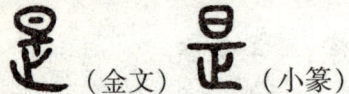
(金文) (小篆)

《说文解字》云:"是,直也。从日正。"如图所示,金文的"是"字,上面是"日",下面是"正","日"下加一直画,像立竿之形,合起来表示日正则竿影直的意思。小篆的"是"字,从金文演变而来,只是"竿"去掉了。"是"的本义就是直。引申为正确,与"非"相对。例如,陶渊明的《归去来兮辞》:"觉今是而昨非。""是"假借作代词,相当于"此""这"。《论语·述而》:"子于是日哭,则不歌。"《庄子·逍遥游》:"是鸟也,海运则将徙于南冥。""是"作语气助词,是宾语提前的标志,确指行为的对象,如"唯利是图""唯你是问"。《左传·僖公二十四年》:"除君之德,唯力是视。"

"正"有追求正确目标之义,"是"字从日,从正,有人认为:"是"字的创造受到了在上古时期就广为流传的夸父逐日神话故事的影响。据《山海经》描述:"夸父与日逐走,入日;渴,欲得饮。饮于河、渭,河、渭不足;北饮大泽,未至,道渴而死。弃其杖,化为邓(桃)林。"夸父逐日出于何种动机,典籍中均未作交代,但一点可以肯定,夸父是在追求一个目标,也可以说是对永无黑暗的光明世界的追求与向往。

第二章 汉字与人

从图形到笔画——"人"字趣说

莎士比亚的《哈姆雷特》中有一句名言：人类乃宇宙的精华，万物的灵长。从"人"的造字和演变过程里可以证实这一论点。

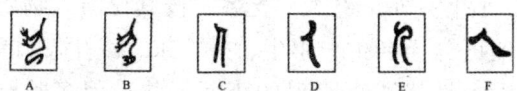

"人"字从甲骨文至现今的楷书均为象形字，几千年来，"人"字由最早的图形化经过线条化变为今天的笔画化（一撇一捺）。图A、B、C均为甲骨文出现的"人"字，图A像一个平伸双手以脚跟垫着屁股而坐的人，图B像一个有手有脚站着的人，图C则像一个面朝左侧面站立的人，虽然简单，但我们仍可以看出这个侧面的"人"有头、臂、身子以及足。"人"字形体的发展，从图C中的甲骨文开始定型，周代晚期出现的金文图D也是以图C的甲骨文为基础的。图E是秦代小篆中"人"字的写法，因为小篆写法用笔结体圆匀连转，"人"字的象形意义减弱。"人"字发展到隶书（图F）阶段，已将"人"字线条化变成笔画化，"人"字形体就此定型。

"人"的本义就是人类，是由类人猿进化而来的，是能制造并使用工具进行劳动的高等动物。表现在"人"字形体的演变过程中，我们可以看到，古人在造"人"字时特别强调手、脚。"人"之所以区别于动物，正是由于人能够运用自己的手去创造工具，此外，还因为人能直立行走，所以，古人在造"人"字时便以侧面站立的人为字的形体。

生出土上——"生"字趣说

生是和死相对的概念，也是一个很抽象的概念，古人是怎样为"生"

字造字的呢？

《说文解字》云："生，进也。像草木生出土上。"如图所示，甲骨文的"生"字像地面上刚长出来的一株幼苗，其本义即指植物的生长、长出。引申为事物的发生及人和动物的出生。

"生"本指草木幼芽生长，引申为年轻的、新鲜的、未成熟的、不熟悉的等义，生字的引申义非常广泛，可以组成的词汇也非常多。

"生"字还是中国戏曲表演主要行当之一。泛指净、丑之外的男角色。生的名目最早见于宋元南戏，指剧中的男主角，与元杂剧的正末相当。清以后又衍化为老生、小生、外、末4个支系。按其扮演人物属性、性格特征和表演特点，大致可分为老生、小生、外、末、武生、娃娃生等类。老生主要扮演中年以上性格正直刚毅的正面人物，因多戴髯口，故又称须生，俗称胡子生。小生扮演青年男性，分中生（扇子生）、冠生（官生）、穷生、雉尾生（翎子生）、武小生等。外，泛指生的副角，不表现确定的性格特征，唯汉剧的外唱、念、做并重。末，沿袭南戏、北杂剧之名目，今多数剧种已并入老生行。武生扮演擅长武艺的人物，分长靠武生和短打武生两类。娃娃生扮演儿童角色，京剧中还有娃娃武生。

人生自古谁无死——"死"字趣说

当生命终结时，古人会有怎样的感慨？譬如"生死由命，富贵在天"，"人固有一死，或重于泰山，或轻于鸿毛"，"人生自古谁无死，留取丹心照汗青"，无论如何，死亡都是人生的一件大事，古人是怎样造"死"字的呢？

如图所示，甲骨文"死"字，右边是一垂首跪地的人形，左边的歹表示死人枯骨，整个字形像活人跪拜于死人朽骨旁默默吊祭的样子，传达出有人死了的信息，特指死亡、生命结束之义。

由于死去的东西不会动，所以僵硬的、不灵活的东西也称为"死"，如"死板"指不灵活,"死气沉沉"形容气氛不活跃或精神消沉不振作;"死"字还引申为坚决之义,如"死心塌地"是形容打定主意,绝不改变。

在古代等级森严的社会里,对于人之死,也有不同的称法:天子之死叫"崩";诸侯之死叫"薨";大夫之死叫"卒";低级官吏和有身份的读书人之死叫"不禄";平民百姓之死叫"死"。

关于"死"字有这样一个故事:老赵在砍自家种的大树时一不留神,压倒了邻家的一棵小白杨树。而这一棵白杨树只有手腕那么粗,可邻家却要索赔五百元。老赵十分气愤,就去请了一位律师。这位律师看了老赵写的材料,又让老赵带他到现场去察看。然后对老赵说:"行啦,等着开庭吧。"开庭那天,法庭最后判决:要求老赵赔邻家小树损失费 10 元,两家各付诉讼费 15 元。邻家收了老赵的钱后,又拿出了 5 元钱。原来,律师在现场查看时发现那棵压倒的小白杨树原来已枯死,他就在"小白杨树"前面加了一个"死"字。而这个"死"字是法庭判决的依据。一棵活的小树索赔 500 元已经是狮子大开口,更何况是一棵已经死掉的树,诉讼书中增加了一字,就改变了判决的结果。

浪花点点过船舷——"心"字趣说

心脏是人体的重要器官,健康的心脏是人体青春和活力的标志,古人很早就意识到心脏的重要性,他们还误认为心脏是人的思维器官,把思想、感情等都说成是"心"。那么,"心"字的来历又是怎样的呢?

(甲骨文) (金文) (小篆)

"心"是一个古老的象形字,如图所示,甲骨文的"心"字就是心脏的象形,金文多了一层外包围,小篆的外包围分成左右两个心房。本义是指人的心脏,泛指动物的心脏。

心脏在人体的中央位置,故心还有中央、中心之义。如核心、掌心、江心,等等。

古人造字,凡从心和它的偏旁(忄、⺗)的字,大都与人的思想、意念和感情有关,如:志、忠、性、怕、恭、忝等。

关于"心"字有这样一个典故:相传,一年清明,晚唐诗人皮日休和陆龟蒙相邀漫步郊游，最后在村头临江小酒店落座。皮日休见细雨霏霏，他临风一酹，指着江中小舟，随口吟出五绝一首：

细雨洒轻舟，一点落舟前，

一点落舟中，一点落舟后。

吟罢，让陆龟蒙猜出一个汉字。

自幼享有盛才之誉的陆龟蒙，顿即领会，但并未直言相答，笑着说："请仁兄也听我赋一联句：

月伴三里如弯镰，浪花点点过船舷。"

皮日休一听，连连点头抚掌，当即奉菜，敬其一杯。

原来，两人的谜底都是一个"心"字。

"中间有颗黑葡萄"——"目""面""眉"字趣说

"上边毛，下边毛，中间有颗黑葡萄。"看到这个谜语，很多人都会心地一笑：呵，这不是眼睛吗？是的，这个谜语正是生动地描述了眼睛的形状，在人的五官中，眼睛是最传神的，古有"目为检察官"的说法。在古代，人们根据眼睛的外形创造了"目"字。

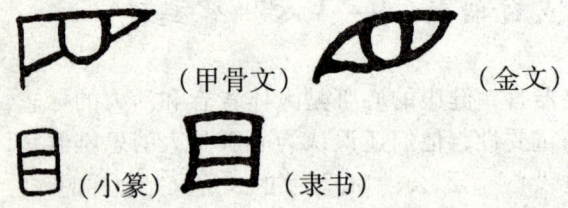

甲骨文、金文中"目"字的写法基本一样，是一只横置的眼睛的形状，篆书变为竖起来的眼睛，此后，"目"字变化不大。

我们在形容一个人的相貌时，常常说"眉清目秀"，可见，眉毛对人相貌的影响同眼睛一样重要。古人造"眉"字，也是采用了象形法，如下图所示。

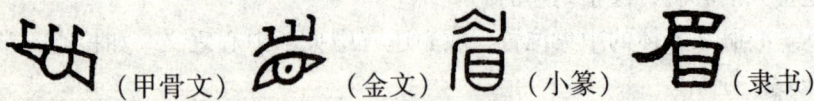

俗话说"画龙点睛"，人的面目因眼睛而生动，这个道理在古人造的"面"字中可以看出来，如下图所示，从古至今，"面"字中始终有"目"的影子。

（甲骨文）　　　　（小篆）　　　　（隶书）

在生活中，"面目"两字常用来表示人或事物的面貌，例如面目全非、面目一新等。

高高山头有口井——"口"字趣说

先让你做一道脑筋急转弯题：一个女孩一生当中，她脸上的某一个部位，爸爸碰过两次，妈妈碰过两次，男朋友碰过一次，老公公一次也没有碰过。这是哪个部位？

再让你猜一则谜语：高高山头有口井，不见清泉不见影，四周玉石密密砌，唯有鲤鱼中间行。这是什么？

你猜出来了吗？答案是：口。

《说文解字·口部》："口，人所以言食也，象形。"其意思是，口是人们用来进食和讲话的器官，故有口为出纳官的说法。

"口"字一望便知是一个象形字，像人的嘴巴。甲骨文的"口"更像一张嘴巴，上下唇及口角均描绘得惟妙惟肖。

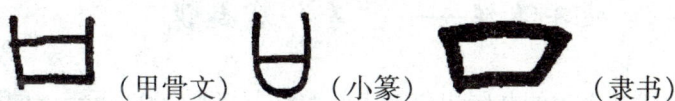

（甲骨文）　　　　（小篆）　　　　（隶书）

由于"口"是人体的一个重要组成部分，一人只一口，故以"口"作为计数单位。"口"字还引申为指"人"或"人口"的意思。如《孟子·梁惠王上》："百亩之田，勿夺其时，数口之家，可以无饥矣。"其意思是：一户有百亩的耕地，统治者们不去妨碍他们的生产，那么几个人的家庭就可以吃饱不挨饿。

此外，与"口"有关的字大都为"口"字旁，如吻、吃、喝、唱等。

认识你自己——"自""鼻"字趣说

老子云："知人者智，自知者明。"古希腊阿波罗神庙墙上的神谕是"认识你自己"。且不说认识自己，单看"自己"的"自"字，你认识吗？

看到上图,很多人会说,这不是一个鼻子的形状吗?它上面的一竖是人高高的鼻梁,最下面是鼻孔,中间还把鼻子上的横级和两旁的鼻翼也描绘了出来。这其实是"自"字的古文字,"自"原为鼻子,《说文解字·自部》:"自,鼻也,象鼻形。"下图即为"自"字各个发展阶段的形状。

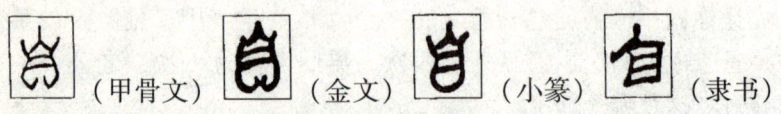

(甲骨文)　　(金文)　　(小篆)　　(隶书)

在甲骨文辞里,"自"虽然有时作"鼻子"用,但绝大多部被借来作第一人称表示"我",因为古人在表达"自己"的意思时,往往用手指点点鼻子来表示。今天,一般人们都还有以手指鼻子表示"自己"的习惯。

正如上文所述,在古代曾经有一个时期,"自"字既是"鼻子"又是"自己",这样当然不大方便。所以古人便另创了一个以"自"表意以"卑"发音的形声字"鼻",把"自""鼻"二字区别开来。

唯手多能——"手"字趣说

人类和现代类人猿的共同祖先是大约 500 万年到 2000 万年前的森林古猿。大约 1000 万年前,随着生活环境的变化,古猿为了觅取新的食物和抵御野兽,前肢渐渐解脱出来,开始了直立行走。以后,前肢就从事一种专门的动作,如持石块打击野兽,或用石块碰砸石块制作工具,逐渐变成了人的手臂和手,由于不断地使用手,所以人类逐渐得到进化,可以说,手是人类形成的关键。

"手"字是个象形字,金文的"手"字,正像一只人手的形状,上面的分支代表五个手指,下面是手臂。后来篆书的写法仍旧延续了金文的象形意味,隶变后,"手"字已经演变成现在的模样。

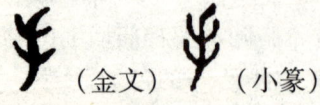

(金文)　　(小篆)

手的本义是人体上肢腕以下能够持物的部分,多用作名词。手的引申义很多,例如"手下",指所属的人,犹部下。"手册"指记事小本,也称各种专业资料或一般知识性小册子。人们还把专司某事或擅长某种技艺的人称为"××手",例如"能手""多面手""选手""好手",等等。"手"可作偏旁,在汉字中,凡从手的字都与手的动作有关,如打、拍、扶、拿等。

走原是跑——"走"字趣说

阅读古籍的时候,我们经常会注意到一个问题:现代人说的"跑",古人说"走",而现代人说的"走",古人说"行",所谓"徐行曰步,疾行曰趋,疾趋曰走"。古人是如何创造"走"这个字的呢?

(甲骨文)　(金文)　(小篆)

如图所示,甲骨文、金文、小篆的"走"字上半部分像一个摆动手臂的人形,下半部分是一个脚形,整个字形像一个人迈开大步朝前奔跑的样子。"走"的本义是跑。近古时代,走字才渐渐由跑步之义转变成行走之义。

现代汉语中"走"的基本用法是步行,如走路。引申义有离开,移动,走访,变化,趋势,泄漏,打通关节等。"走"字可作偏旁,汉字中凡从"走"的字,大多与跑的动作有关,如趋、赴、赶、超、趣等。

关于"走"字,历史上有很多典故,例如"三十六计,走为上计",是指在我不如敌的情况下,为保存实力,主动撤退。所谓上计,不是说"走"在三十六计中是上计,而是说,在敌强我弱的情况下,我方撤退,可以保存实力,以图卷土重来,这是最好的选择,因此,"走"为上。罗贯中《三国演义》第二十七回《美髯公千里走单骑·汉寿侯五关斩六将》,讲的是关羽的神勇故事,"千里走单骑"中的"走"字是其引申义。

说话为言——"言"字趣说

在我国民间风俗中,腊月二十三过小年,传说这一天家中的灶王爷要回到天上,向玉皇大帝汇报地上人一年间行事的善恶好坏,所以每年到腊月二十三这天，人们都要敬灶王爷吃糖瓜，还要在灶台上贴一对联："上天言好事，下地保平安"，希望他到天宫后，不要搬弄人间是非。对联中的"言"字为何意呢？

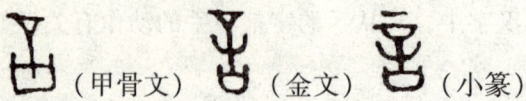

（甲骨文）　　（金文）　　（小篆）

如图所示，甲骨文、金文的"言"字，下面部分是口舌的象形，而在舌头之上加一短横作为指示符号，表示人张口摇舌正在说话的意思，因此言字的本义是说话。

在古代文献里，"言"不仅可以表示说话，还可以表示向人提问，这是比较特殊的用法。"言"字还引申为名词，指说话的内容，例如"言简意赅"，指言语简练而意思完备，形容说话、写文章简明扼要。作为名词的"言"，还可以起到一个量词的作用，用来表示口语或文章中的字数或句子数，如"五言诗""七言诗"，就是指五个字一句或七个字一句的诗体，"言"指字数。

第三章　汉字里的劳动场景

刀耕火种——"农"字趣说

锄禾日当午，汗滴禾下土。
谁知盘中餐，粒粒皆辛苦。

从传说中远古时代神农氏发明农业开始，中国五千年的文明史也是一部农业史，上面这首耳熟能详的古诗就是中国传统农民和传统农业的真实写照。那么，古人是如何创造了"农"这个字呢？

（甲骨文） 　（金文） 　（小篆）

如图所示，甲骨文的"农"字，从"林"从"辰"，最初的农业是"刀耕火种"，要想耕作，必须先砍伐树木，所以"农"字从"林"，"辰"指耕器。整个字形表示拿着耕具从事耕作，是个会意字。金文"农"字从田，表示拿着耕具耕作于田间，其意更加明显。所以"农"字的本义为耕种，又特指耕种之人，即农民。

传说神农氏根据天时之宜，分地之利，创作了耒、耜等农具，教民耕作，使人民获得很大的好处，这就是农业的开始。有了农业就必然有从事农业生产的劳动者，这些劳动者就叫做"农民"，这样"农"字就有"农民"的意思。"农"在古代指代田官。汉代时，汉武帝设官名"农都尉"，是为发展与少数游牧民族邻近地区的农业生产而设置的，主管屯田殖谷，一直沿袭到东汉时期。"农"字还有勤勉的意义，如《左传·襄公十三年》云：小人农力以事其尚。

树谷曰田——"田"字趣说

有这样一则谜语：四座大山山对山，四条大川川对川，四方日暖春光好,四家窗口紧相连。稍加思考就知道,这则谜语的谜底是个"田"字。古人是如何为"田"字造型的呢?

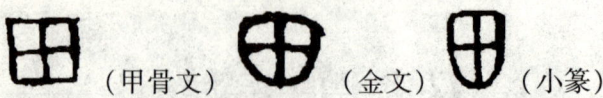
(甲骨文)　　(金文)　　(小篆)

关于"田"字,《说文解字》云:"陈也,树谷曰田,象四口。十,阡陌之制也。"陈,指耕田阡陌交通块块相连。四口,指边缘整齐。如图所示,"田"字的形体古今变化不大,均像一片阡陌纵横的田地的形状,其本义指农田,即供耕种的土地。因为"田"中纵横交错的小沟及一块块的土地排列整齐,因而"田"字便引申出"陈列""整齐"的意思。

"田"字反映了奴隶社会井田制的情况。井田制是我国古代社会的土地国有制度,西周时盛行。那时,道路和渠道纵横交错,把土地分隔成方块,形状像"井"字,因此称作"井田"。井田属周王所有,分配给庶民使用。封建领主不得买卖和转让井田,还要交一定的贡赋。领主强迫庶民集体耕种井田,周边为私田,中间为公田。井田制的实施,一定程度上促进了生产力的发展。随着生产力的提高,春秋晚期,井田制逐渐瓦解。

关于"田"字,有这样一个故事:传说苏东坡的妹妹叫苏小妹,美貌和才华俱佳,嫁给当时的大词人秦观。一天,苏小妹对丈夫秦观说:"我作了一则字谜,看你能不能猜出。我的谜面是,两日齐相投,四山环一周,两王住一国,一口吞四口。"秦观想了很久也没有猜出,只好跑到苏家,向苏东坡求教。秦观来到苏家,东坡正好在用饭。秦观说明来由及字谜,东坡不禁大笑,过后,他也没有说出苏小妹的谜底,而是叫厨子烧一盘西湖醋鱼端上来。席间,苏东坡动手将鱼的头和尾去掉,留下中段,然后指着鱼身说:"这就是谜底!"秦观恍然大悟。原来,"鱼"字去"头"去"尾"即为"田"字。

射矮对换——"矮"和"射"字趣说

相传,唐朝女皇武则天很有才学,对文字也有所研究。一次,她对群臣说:"我发现,射字由身、寸构成,一个人身高只有一寸,这不是矮字吗?矮字由矢、委构成,委原是发放之意,把矢(箭)发放出去,这不是射吗?所以我说,矮、射两字应该互相掉换过来使用,大家说对吗?"

群臣听了,无不拍手叫好,齐声道贺圣皇的金玉良言!

武则天的说法到底对不对?我们可以从字源方面分析一下。"射"在金文中是个由弓、矢、手三部分组合成的会意字,意即箭搭弓上,以手发射,故其本义是射箭。"矮"字右边委的甲骨文形体是一个跪在地上的女奴隶手拿一蔸干枯蜷曲的禾的形象,禾稻枯萎蜷缩,比盛长挺拔之时显得短小;矢加委,表示枯萎的禾只有一箭之长了,故矮的本义为短小。

通过分析可以看出,武则天解字的方法貌似有理,实际上是类似于算命先生"拆字法"的牵强附会,是经不起琢磨和考证的。

工欲善其事——"工"字趣说

人与动物的根本区别,就是人懂得制造并使用工具,先民们开始使用文字后,就根据工具的形状创造了"工"字。

(甲骨文)　　(金文)　　(小篆)

如图所示,甲骨文和早期金文的"工"字,像一把带柄的利斧形状。斧是先人劳动的用具,故工字的本义指用具、工具。

"工"的本义是"工具",后来引申出凡使用工具干活的人都叫做"工",如"百工"是指西周时期工奴和各种手工业工人的总称;"工欲善其事,必先利其器"的"工",泛指工人。上古的官,也有称作"工"的,以后,还派生出"工作""工程""工业""工夫""精巧""擅长""乐人"等意义。

"鬼斧神工"这则成语的典故,说的是春秋时,鲁国有个技艺非常高超的木匠,人称梓庆。他能制作各种精巧的木器,尤其擅长砍削木头制造一种乐器,那时人们称这种乐器为鐻。有一次,他用木头削雕成一个鐻,它外形美观,花纹精细,见到它的人都惊叹不已,不相信这是人工做出来的,而好像出于鬼神之手。鲁国的国君见了这个鐻后,也连声喊绝,特地召见梓庆,问道:"你是用什么方法制成鐻的?真乃鬼斧神工之作啊!"梓庆笑笑说:"我是一个凡人,哪里有什么法术?"国君听了他这样说,有点不大相信,又问道:"那你是怎样制作它的?"梓庆说:"我从大王这里接受了使命便开始做准备。这时,我虔诚斋戒,让身心纯净。

斋戒到第三天,不敢想到庆功、封官、俸禄;第五天,不把别人对自己的非议、褒贬放在心上;第七天,我已经进入了忘我的境界。此时,心中早已不存在进见君主的奢望,给朝廷制鐻,既不奢求赏赐,也不惧怕惩罚,我只想着如何雕刻。于是,我进入山林,细心观察树木的天然生态,精心选取适合制鐻的材料,直到一个完整的鐻已经成竹在胸,这个时候我才开始动手加工制作,一气呵成。这可能就是我顺从自然,让自己的精神和树木的自然形态结合,使我做的器具可以比拟鬼斧神工的原因吧!"这则成语的意思是精妙的手艺就像是鬼神用斧头做的一样,形容技艺高超神妙。

人跨马背——"奇"字趣说

中国畜牧业史中,以养马的历史最为悠久,早在原始社会晚期已开始养马。由于马在战争、交通、礼仪及耕垦曳引等方面的重大作用,很早就被称为"六畜"之首。历代政府因战备需要,多大量养马,并设官管理。民间也养马以供耕驾。"奇"字正是古人基于这种生活经验的积累创造出来的。

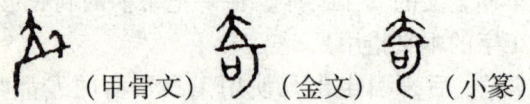

（甲骨文）　（金文）　（小篆）

如图所示,甲骨文的"奇"字,像一个人跨在马背上的形状,其中的马形极其简略;或在马下加一口形。小篆的奇字则讹变为从大从可。奇的本义为骑马,后来多用为怪异、奇特之义,而其本义则被"骑"字所代替。"骑"除了表示人跨坐在牲畜或其他东西上,作动词使用外,还作名词用,如"铁骑"等。古代也把一人一马称为"骑",例如"一骑红尘妃子笑,无人知是荔枝来"。

奇还指数目不成双的数,跟偶相对,如一、三、五、七、九等。

关于"奇"字有一个成语是"六出奇计",原指陈平所出的六条妙计,后泛指出奇制胜的谋略。该成语出自《史记·陈丞相世家》:"凡六出奇计,辄益邑,凡六益封。"故事的缘由是:楚汉战争中,陈平投奔刘邦以后不久,正好赶上刘邦先后被围荥阳城、晋阳平城白登山,韩信称王等棘手之事。陈平为刘邦连出了六条奇特绝妙的好计谋,使刘邦转危为安,化险为夷。

象为之耕——"为"字趣说

现在大象不多见,但在遥远的古代,大象曾经遍布于我国黄河流域。有些古书上说,舜在历山,用大象耕田,"舜葬苍梧,象为之耕";又说"禹葬会稽山下,有群象耕田",黄河流域出土文物中也发现有商代君王捕猎大象的图文。自古以来,大象被人们看做是瑞兽,喻义"太平景象""喜象升平",这充分说明了我们的祖先在上古时代就已能驯化和驾驭巨象的事实。这个事实同样反映在"为"字的造型中。

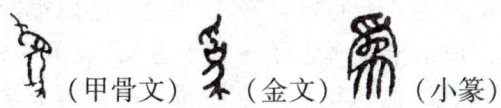
（甲骨文）　（金文）　（小篆）

如图所示,甲骨文的"为"字,像一个人用手牵着大象的鼻子,其本义为驯象,即驱使大象帮人干活,因此,为字有干活、做等意思。这个字由甲骨文到金文,又由篆书变成隶书、楷书,再由楷书演变成今天的简化字,原来的形象和意思一点也看不出来了。

"为"字反映的是人用手牵大象,从事劳役。这一历史事实说明,我国古代黄河流域不仅有大象,那一带的人们曾经广泛役使过大象。大象性情温顺,能比其他动物执行更繁重的劳动,这一事实是先民创造"为"字的一个社会基础。后来大象为何又在我国中原一带消失了呢?其原因是复杂的,据学者的考证,很可能是由于中原气候逐渐地变化,致使性喜热带气候的大象南迁了。

"专"的本义是什么——"专"字趣说

早在4000多年前的新石器时代,先民们就已经发明制作了纺线的工具,这种工具叫纺专。纺专是由陶质或石质做的一个圆形的"盘",叫"专盘",中间有一个孔,插一根杆叫专杆。纺纱的时候,先要把纺的麻或其他纤维捻一段缠在专杆上,然后垂下,一手提杆,一手转动圆盘,向左或向右回转,就可以促使纤维牵伸和加捻。待纺于一定长度后,就把已纺的纱缠绕到专杆上去。这样反复,一直到纺专上绕满纱为止。"专"字的产生,便与这种纺线工具有关。

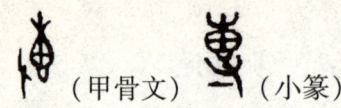
（甲骨文）　　（小篆）

如图所示，甲骨文的"专"字，右边像纺塼（zhuān）形，即"叀（zhuan）"；左边是手（寸），合起来为用手纺织。"叀"兼作声符，"专"为会意兼形声字，本义为纺锤。"专"字后来多借用为单独、单纯、独一等义，例如"专断"，指独自决断。"专家"指专门从事某种事业或学问而有成就的人。在汉字中，凡从专的字多有盘旋、转动、转递等义，如抟、团（團）、转、传等。

关于"专"字，有一个成语为"专心致志"，意思是：心思很专一，形容一心一意，聚精会神。该成语出自《孟子·告子上》，成语的典故为：从前有一个下棋能手名叫秋，他的棋艺非常高超。秋有两个学生，一起跟他学习下棋，其中一个学生非常专心；另一个却认为学下棋很容易，用不着认真，老师讲解的时候，他貌似认真听课，可心里却想着："要是现在到野外射下一只鸿雁，美餐一顿该多好。"结果，虽然两个学生同是一个名师传授，但是，一个进步很快，成了棋艺高强的名手，另一个却没学到一点本事。

目不识丁——"丁"字趣说

有个成语叫"目不识丁"，是说连个简单的丁字都不认识，常用来挖苦那些不学无术的人。的确，丁是个再简单不过的字，一横一竖钩，好写又易认。然而，看似简单的"丁"字，其来历却并不是那么简单，"丁"字到底是个什么东西呢？

（甲骨文）　　（金文）　　（小篆）

如图所示，甲骨文、金文中的丁字，原来只是一颗钉子的形象：从上面俯视，是圆形（或方形）的钉帽；从侧面看，则好似一个楔子，所以丁字的本义就是钉子，丁是"钉"的本字。

在古代语言中，"丁"字多借用为天干的名称。丁是天干中的第四位。"丁"字的本义，则保留在少数的口语中。如口语"丁是丁，卯是卯"，丁指凸出的榫头，卯即卯眼。"丁是丁，卯是卯"表示做起事来认真严肃,不肯随便通融之义。

《说文解字》中云:"丁,夏时万物皆丁实,象形。"所谓"丁实",就是健壮结实的意思,这是"丁"的引申义。成年强壮的人口,体魄"丁实",因而也称成年男子为"丁壮",或者为"壮丁",成年的男女则分别称为丁男和丁女。又引申为家庭中的人口,如添丁、人丁兴旺等。"丁"还用来特指从事某种劳役的人,如兵丁、庖丁等,而园丁则是指从事园林培育护理的人,现在多用来比喻教师。

与"丁实"的意思相反,由于钉子是一种较小的物体,因此"丁"还引申为微小的意思,如"一丁点""鸡丁""肉丁"等。

镜中人——"入"字趣说

古代社会原始人类所使用的石器、骨器等工具和武器,都是锐器多而钝器少,这是因为只有尖锐的东西才能起到刺进穿凿的作用。其实,我们的祖先正是用尖物有刺进穿凿的这个特性来创造"入"字。

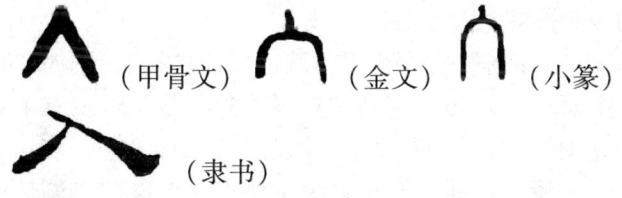

(甲骨文)　　(金文)　　(小篆)

(隶书)

如图所示,从古至今,"入"字在各个时期的文字中,字形一直没有很大的变化,像从上部一齐进入下面的样子。《说文解字》在解释其字形时说,"像从上俱下也",就是这个意思。"入"字的本义和它的字形有着密切的关系,表示从外到里,也就是进入的意思。"入"字的引申义有加入、收入、符合等,如入学、入不敷出、入情入理。

关于"入"字的故事有这样一则:有一位爱谜的官员,经常在自己的房子里挂一些谜语,欢迎朋友们来他家交流切磋。他还在官府门口贴上这样几张条子:

话不老,镜中人。中者进,惑者遁。

除了几位经常和他猜谜的老朋友外,很多过路人对这些话看不明白,也没有人敢进来。一天,有一个八九岁的孩子径直走了进来,门前守卫挡都挡不住。官员闻讯出来问:"你来做什么?"孩子说:"不是你请我进来的吗?"官员一时不明白,又问:"我什么时候请过你?"孩子说:"哈哈,你的门口明明贴着'请人'两个字,怎么就不认账了呢?"官员闻之大喜,连忙请进那个孩子,两人一起猜谜、论谜,相处十分融洽。谜语中的"镜中人"就是猜作"人"字。

从观察到模仿——"相"字趣说

上古时代,草木繁茂,这些树木就是人类赖以生存的重要条件,先民们要经常采集树上的果实来充饥,还要构木为巢、钻木取火,总之,树木是我们的祖先生活中必不可少的东西。这一事实从汉字"相"的结构可以得到补证。

（甲骨文）　　（金文）　　（小篆）

如图所示,从古至今,"相"字均从木从目,是个会意字,表示用眼细细观赏树木外形之义。相的本义是指观察事物的外表以判断其优劣,引申指人或事物的外观形貌。

"相"字由"观察、了解"进一步引申就成了"选择",例如"良禽择木而栖,贤臣择主而事"。"相"字由"选择"进一步引申就有了"模仿"之意,例如曲艺中"相声"的"相"字就是模仿的意思。相声,中国北方曲种,它是一种源于民间的以语言为主要表演手段的喜剧性曲艺艺术。含有相声艺术因素的文学形式,可以追溯到先秦时的俳优,后来经过复杂曲折的发展历程,吸收了其他表演艺术的积极因素,如魏晋时的笑语、唐代参军戏以及宋金杂剧里滑稽含讽的表演等。到了明代,隔壁戏与笑话艺术统称为"相声",这两种艺术形式的普及与发展,为相声艺术的产生奠定了基础。兼备说、学、逗、唱艺术形式的相声形成于18世纪中叶（清乾隆时期）之前。咸丰年间,北京有一朱绍文先生（别号"穷不怕"）,是最早说相声的人。

"相"怎样引申为"相互"的"相"的意思呢?这是因为"相"这一动作表示了"目"（即人）与"木"之间的相互关系。此外,相字还有辅助之义,又用作官名,特指宰相。

作为货币的贝壳——"贝"字趣说

从古至今,人类就与贝类结下了不解之缘。在远古时代,贝类不仅可以作为食物,还被广泛用于人体装饰、生活用品、劳动工具和随葬品等。更值得一提的是,我国最早的商品交换媒介,就是贝。

（甲骨文）　　（金文）　　（小篆）

如图所示,甲骨文、金文的"贝"字,像海贝贝壳的形状,"贝"的本义是有介壳的软体动物的总称,但在古代主要是指海贝。上古时代,远离海滨的中原并不产贝,人们只有跋山涉水、辗转千里才能得到贝壳,也正由于路途遥远,求之不易,"贝"在古代被先民视为珍宝。先民们最初把贝壳作为装饰或护身之用,是高贵者的身份象征,只有帝王诸侯及贵族才用得起,为此古人将"贝"称为"宝贝"。

在大约四五千年前的原始社会,因为生产力低下、物质极不丰富,先民们处于自给自足的自然经济阶段。随着生产力的发展,原始商业经济开始发展。最初的交换活动只是"以物易物",后来,"以物易物"的交换方式越来越不能适应社会生活的需要,人们便把贝壳作为商品交换的媒介,这是因为贝壳大小适中、坚固耐用、便于携带,而且便于计数。"贝"作为商品交换的媒介使用了相当长的一段时间,直到秦代才以钱代替了"贝"。

"贝"作为历史货币,不仅促进了中国古代经济的发展,而且对中国文化具有深刻的影响。现行汉字中大多数与钱币有关的字都有贝旁,如:货、贡、贸、贾、贿、财、贪、贫、费、赔、赎等。在江浙一带的农村,家长将贝佩挂于孩童的身上以期望其健康成长、驱邪生财,更有父母干脆把儿女直呼为"宝贝","贝币"虽小,但集经济历史、文化多重含义于一身,颇受钱币收藏爱好者们的青睐,进而成为当今收藏的一大门类。

一字"春秋"——"秦"字趣说

传说,在秦朝之前,是没有"秦"这个字的,秦朝的国号当时写作"栗"。据说,"秦"这个字是秦始皇造出来的。秦始皇灭六国之后,骄傲得意。一天,他觉得国号"栗"字不好,要找一个字代替"栗"才好!突然,他瞥见案头的史书《春秋》。秦始皇想,《春秋》里写的是周朝的天下,秦朝要占"春秋"的一半。想到这里,秦始皇便用"春"和"秋"的各半边字合在一起,写出一个"秦"字,然后传令下去,将国号"栗"改为"秦"。从此,"栗国"就成了"秦国"。

以上自然是传说,不足为据,但秦为什么以"秦"为国名呢,这要从"秦"字的字源说起。

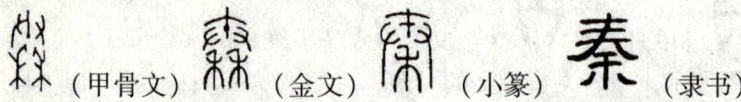
(甲骨文)　　(金文)　　(小篆)　　(隶书)

如图所示,"秦"字在甲骨文、金文、篆书阶段,变化不大,字的下面是"禾",上面是双手舂米工具的形状,整个字表示双手举杵舂米,粮丰食足之意。"秦"的本义是上古的一种禾名。很早以前,古代陕西一带农业已经相当发达,以种"秦"这种粮食为主,于是,秦便以"秦"字为国名了。这是一个很能说明古代黄河流域一带农业社会生产力发展状况的字。

但是,为什么这字发展到隶书阶段时,原来"双手持杵"的字头却有了很大变化呢?这是因为,由篆变隶是中国文字与书法发展史上的第一次大革命,在先秦文字和后世文字的分水岭上,出现了一种怪现象,这便是:篆书部首在隶书里"强同为异"(即在篆书里原是同一部首偏旁,到了隶书阶段便变为几个部首偏旁,如"心"变为"忄""⺗"小)和"强异为同"(即在篆书里原是不同的部首偏旁,发展到隶书阶段都变为一个部首偏旁,如"奉""泰""春""秦""奏"的部首在篆书里完全不同,隶书却统统变为"夫")的现象。

第四章　汉字里的婚姻生活

"家"字的来源——"豕"字、"猪"字、"家"字趣说

明太祖朱元璋，一次微服私访，看见一个民妇喂猪，无意中微笑了一下，随从小太监误认为是皇上看上了这位女子。

回到宫内，马皇后询问皇上私访情况，小太监就把他所见之事如实禀报。皇后让他把那妇人招来侍奉，皇上见了说："这女人好像见过。"皇后说："就是前天在村里喂猪的那个女子，我以为皇上喜欢她，所以就召进宫来侍奉皇上。"

皇上笑着说："误会了，我看这妇人喂猪，就明白了古人造字的意思。家字从宀从豕，就是说无豕不成家。我是为这事笑，并非有意于妇人而笑。"

马皇后于是赐给妇人许多东西，让她回去了。

"豕"即猪，以下是"豕"字的发展演变。

（图腾徽号）　（甲骨文）　（金文）

（小篆）　（隶书）

"豕"字后来变为"犭"作部首用，另造了一个在"豕"旁加"者"作声符的"猪"，变为形声字。

为什么无豕不成家（篆）？上古时代，先民在树上"架木为巢"以作住所。经过了漫长的岁月才转到地上架木为屋，并开始驯养野兽作为家畜（如猪、牛、羊、犬等）。为了防止外来侵袭，房子的结构，一般是上居人、下作圈。猪是当时主要的肉食来源，所以房下养猪和其他的牲畜，这就成为"家"的标志。而甲骨文中的家已从图形化简为线条化了，

"豕"已倒过来头向上了。金文时代,房形依旧,而"豕"形已非了。"豕"的腹部轮廓线条进一步简省,后腿和尾巴变成交叉形了。秦代小篆字体构形又进一步变化,后来汉隶定型,终于发展成楷书"家"的字形。

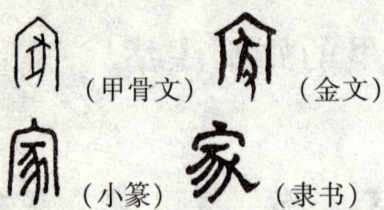

（甲骨文）　（金文）
（小篆）　（隶书）

通过"家"字的演变,可以探索上古社会的发展情况,古人从居无定所的游猎生活到开始定居,并进入以农业生产为主要生产方式的农业社会,后来又形成了以父系为中心的家族社会。

抢老婆——"妻""娶"二字趣说

在母系氏族社会后期,男性成为主要生产劳动力,妇女的地位下降,逐渐成为男子的所有物,成为部落与部落、氏族与氏族发生斗争时的掠夺对象。有学者认为,抢婚风俗就开始于这一时期。而"妻""娶"二字就是这种婚姻方式的见证。

（甲骨文）

如图所示,甲骨文"妻"字,左边是一个跪踞的女子形象,右上方有一只手正伸向女子的头部。可见"妻"是一个会意字,生动地描绘了上古社会中抢婚的风俗。"妻"字再往后发展,其原始意义越来越模糊了。"妻"指"配偶",与"夫"相对,又引申为动词,指以女嫁人或娶别人的女子为妻。

关于"娶"字,《说文解字》云:"娶,取妇也。从女,从取,取亦声。"所谓"取妇",就是用武力"抢老婆"的意思。古时候,"取""娶"通用,朱骏声《说文通训定声·需部》:"取,假借为娶。"以"取"表示"娶"的意思,透露出古代抢婚的风俗。"娶亲"义是由"抢婚"义引申而来的。"娶"是一个会意兼形声结构的字,"取"与"女"会意为:把女子抢(或接)到自己的身边作妻。"女"表示"娶"的对象是女性,"取"既表示"娶"的行动,又表读音。

有学者认为，现在许多地方流行的娶亲要在天亮之前，或者是在天黑时的习俗，就留有古代抢婚习俗的痕迹。抢婚的习俗在我国一些少数民族中至今还保留着。哈尼族娶新娘时，男方必须请强壮的青年数人，佯装闯入女方家，背上新娘就跑。这时，新娘的女伴们上前来阻止这些抢亲的男青年，而抢亲青年不能还手，只是背着新娘夺路而逃。不过，这种抢婚是象征性的，不是古代的那种名副其实的真抢。

洞房花烛夜——"婚"字趣说

关于"婚"字，《说文解字》云："婚，妇嫁也。礼，娶妇以昏时。从女从昏，昏亦声。"结婚是一件喜庆的事，所谓的人生四喜之一就有"洞房花烛夜"，古人为什么要从"昏"字，还要行之以"昏"时呢？

先说"昏"字，《说文解字》云："昏，日冥也。"甲骨文"昏"字从"日"从"氐"，氐即"低"，落下的意思。"昏"是会意字，其造字意义是：太阳已经落下。"昏时"就是夜幕降临的黄昏时候。

为什么要规定"娶妇以昏时"呢？刘申叔《古政原始论》中说："其行礼必以昏时者，则以上古时代用火之术尚未发明，劫妇必以昏时，所以乘妇家之不备，且使之不复辨其谁何耳。"这正反映出从母系氏族社会向父系氏族社会过渡的历史时期中的抢婚制度。

在母系氏族社会，人类实行的是群婚制度，女子一般生活在自己的娘家，以维系母系的完整。随着生产力的发展，男子由于体力的原因成为生产生活的主要承担者。随着男子社会地位的不断提高，父权开始形成，为保证父系的延续，男子势必要求女子从夫而居，这种婚姻形式必然会遇到妇女的反抗。为了对付这种反抗，男子便直接以武力解决，这样便有了抢婚习俗。为了便于逃遁，抢婚当以天黑时进行为宜，即"娶妇以昏时"。

上古的"昏"有"结婚"的意思。其后，"昏"专指"日落黄昏之时"等意思，而结婚的意思古人则用"婚"字表示，即在"昏"的左边加一"女"字为意符而成。最初，"婚"字的含义专门指的是男子娶亲，不指女方嫁人。后来，"婚"字既可以指男子娶亲，也可以指女方嫁人。

现在，有些少数民族，如瑶族，迎娶新娘一般都选择在傍晚或黎明时分进行，不到这个时辰，新娘不准进男方家。这可以作为古代先民

"娶妇以昏时"的有力旁证。

金屋藏娇——"安"字趣说

据《汉武故事》载,武帝小时候,他的姑姑长安公主跟他开玩笑:"将我的女儿阿娇嫁给你好吗?"武帝高兴地回答说:"我若能娶阿娇,将建造一座金屋,让她住在那里。"这就是金屋藏娇的典故。

古人造"安"字时,也颇有"金屋藏娇"的意味。

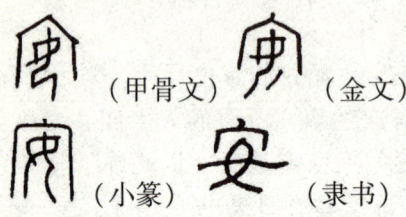

上古时代,毒蛇猛兽等人类天敌很多,妇女体力不如男子,在野外不安全,只有在室内才能免受侵害。甲骨文便以一个跪坐在室内的女姿,表示"女坐室内"为安。

在古人心中,"安"就是"平安""安宁",这也是"安"的本义。"安"在古汉语中可用于疑问句,其意思为"在哪里""在什么地方",这是"安"的引申义。如《史记·项羽本纪》:"沛公安在?"其意思是:沛公在哪里?至于"安"作其他虚词用,则为假借字。

姓之本义谓生——"姓"字趣说

在人类长期的生存与繁衍中,女性起到了至关重要的作用。人类文明的发展史最初也是从母系氏族社会开始的。母系氏族社会实行群婚制,群婚制的特征是族外婚,氏族内部禁止婚配,在婚姻方式上是男婚于女方,不是女嫁于男方,即一个女子可以同时与其他氏族的许多男子保持夫妻关系,所以"太古之民只知其母而不知父"。为区别氏族以别婚姻,"姓"便应运而生。

（甲骨文）

《说文解字》云:"姓,人所生也。"如图所示,甲骨文"姓"字从

"女"从"生",会意字,"生"字像草木生出土上,此处表示人的出生;"女"则表示人生之所由。意思是"姓"标明人由谁所生,即是一种血统的标记。清代学者徐灏在《说文解字注笺》中说:"姓之本义谓生,故古通作生,其后因生以赐姓,遂为姓氏字耳。"

群婚制这一历史现象的出现,使孩子只知其母不知其父,孩子的血统当然只能根据母亲来确定,因而必须姓母亲的姓。根据这一历史文化背景,古人自然也会选择一个字(即一种符号)作为本部族的标志,这样就产生了"姓"。上古之时,姓是宗族图腾的符号。后来,姓的来源多种多样,有的以封地(国名)为姓,有的以官名为姓,有的以出生及定居地名为姓。也有的取姓是很随意的,例如生在竹林中的,以竹为姓;因年纪大而坐车的,以车为姓;东方朔,父姓张,母姓田,因生时东方初明,就以东方为姓。

我国到底有多少姓氏,至今尚未有一个精确的统计。中国旧时流行的《百家姓》是北宋(公元960年)的时候写的,里面一共收集了单姓408个,复姓30个,共438个。发展到后来,据说有4000到6000个,但是实际应用的只有1000个左右。近年出版的《中国姓氏纪编》共搜集姓氏5730个。由于姓氏本身还在不断发展变化,据专家估计,我国姓氏大约有18000个。

男主外——"男"字趣译

古代社会发展到以农业为主时,男子由于体力的原因,成为农耕的主要承担者。"男主外,女主内",在古人看来,农业生产只能是男子的事,由此"男"字的创造可见一斑。

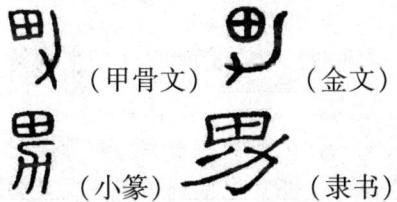

"男"字的甲骨文和金文写法中,左边是"田",右边是一种耕田农具的形状,这种工具即古代的"耒",它的上部是木制的柄,下部是犁田的"犁头",整个字表示致力于农田耕作,所以,"男子力于田"即"男"

字的本义。

"男"字发展到篆书阶段,字形变成上下结构。隶书沿袭了这种结构,"男"字形状基本定型。

在古代社会,有力气、有技术的青壮年很受尊敬,被称作"男";有些以农为主的部落的首领也叫做"男";后来,五等爵位(即公、侯、伯、子男)的第五等爵,也叫做"男"。"男"字直接反映了古代社会的生产力和生产关系,也直接反映了从"母性中心"递变为"男性中心"社会的问题。

女主内——"女"字趣说

"女"字是一个古老的象形字,甲骨文"女"字像一个女子两手交叉、弯曲两腿,跪坐在那里。

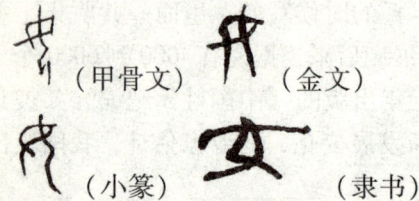

(甲骨文)　　(金文)

(小篆)　　(隶书)

古人为什么将"女"设计成这样一个字形呢?其实"女"字形象正是古人家居的姿势,古人并不像现代人那样坐在椅凳上,而是双膝着地而臀部压在脚后跟上。

女字造字的形象思维与"男"字之形突出男子以农耕为职业的特征相类似,之所以要描画女性跪坐的姿势,正是强调古代妇女主内持家的特点。这也是父系社会形成后的家庭特征。父系社会形成后,女子在家庭中的地位下降,她们的主要任务是从事家务劳动。

"甲骨文形体"的"女"字,足以证明妇女在商朝时已是主内持家的生存状态。

从甲骨文到金文,"女"字形象变化很大,头身相连了,腿脚拉直,坐姿消失,整个字横斜过来;篆书沿袭了这种变化;到了隶书,"女"字已经定型,象形意味大大减少。

对甲骨文形体的"女"字,有人作出了不同的解释:"象侧立俯首敛手屈膝形,表示女子温柔顺从之意。"(赵诚《甲骨文简明词典》第45

页)

也有人将"女"的古文字形理解为女子留下、男子外出到别的部落去生活的风俗。

家严——"父"字趣说

在童年的记忆里，父亲就是我们心目中的英雄：他高大威严，又不乏和蔼可亲；他聪明睿智，又不失憨直善良；他含辛茹苦抚养我们长大，他孜孜不倦教育我们成人。这些父亲身上的共性，有没有体现在"父"字上呢？

（甲骨文）　（金文）　（小篆）

《说文解字》云："父，矩也，家长，率教者。"意思是，"父"是坚持规矩的人，是一家之长，是引导教育子女的人。而从甲骨文和金文的"父"字字形来看，"父"字像一只手抓住一柄石斧或棍棒的样子。在原始社会父系时代，石斧、棍棒是一种主要的武器和生产工具。而手持石斧、棍棒与敌人作战或从事艰苦的野外劳动，是成年男子即父亲的责任，所以"父"的本义就是父亲。

"父"字的古文形体表明了父亲教育的严厉性。从古至今，中国就有"严父慈母"的说法，还用"家严"一词来代指"父亲"。"父"字还引申为对成年男子或从事某种行业的人的一种尊称。父，如今既可单用，也可作偏旁。凡从父取义的字皆与长辈男子等义有关。以父作义符的字有：爷（爺）、爸、爹。以父作声符的字有：斧、釜。

为了表达对父亲的尊敬，世界上很多国家都设有父亲节。世界上的第一个父亲节诞生在美国。1909年，住在美国华盛顿州士波肯市的杜德夫人，当她参加完教会举办的母亲节主日崇拜之后，她想起了含辛茹苦将她抚养成人的父亲。杜德夫人深深地感到设立父亲节的必要，于是为设立父亲节奔走呼吁。她的呼吁，引起了人们的热烈响应，于是，6月的第三个星期日被选为"父亲节"。在1910年6月，美国庆祝了第一个"父亲节"。当时凡是父亲还健在的人都在胸前佩戴一朵红玫瑰花，以表达对父亲的敬意；而父亲已故去的人，则佩戴一朵白玫瑰花，以此表达对父亲的无限怀念和哀思。

家慈——"母"字趣说

母亲给了我们生命，也给了我们生命中美好的一切。千百年来，母亲在人们心目中永远是美丽温柔的，这种印象反映在汉字中，也是一样。

（甲骨文） 　　（金文） 　　（小篆）

如图所示，甲骨文中的"母"字，像一个敛手屈膝的女子，胸部特别突出的两点代表乳房。这个字的本义不言自明，就是母亲。后来，"母"字形象发生了很大变化，但是代表母乳的两点一直保留着，这是作为母亲的突出特征，这种特征，民间还有一句俗语叫做"有奶便是娘"。

"母"字由"母亲"一义，引申用作女性尊长的通称，如伯母、祖母等。因为母能生子，所以母字也引申指事物的本源。此外，母也泛指雌性的动物，如母鸡、母牛等。

中国古代提倡做人要讲究五种道德，即"父义、母慈、兄友、弟恭、子孝"，这是中国人推崇的道德规范。成语"母慈子孝"即由此演变而来，这个成语的意思是母亲要疼爱孩子，子女要孝顺。

同父亲节一样，全世界也有很多国家设立了母亲节。现代意义上的母亲节起源于美国，由安娜·贾薇丝（1864~1948年）发起，她终身未嫁，一直陪伴着自己的母亲。安娜的母亲于1905年去世，她悲痛欲绝。两年后，她和朋友开始写信给有威望的部长、商人、议员来寻求支持，以便让母亲节成为一个法定的节日。1908年5月10日，第一个母亲节在西弗吉尼亚和宾夕法尼亚州举行，在这次节日里，康乃馨被选为献给母亲的花，并从此流传下来。1914年5月7日，美国国会通过决议，规定每年5月的第二个星期日为母亲节，并在5月9日由威尔逊总统颁布施行。现在，母亲节已经在很多国家流传了。

"夫"字怎么写——"夫"字趣说

《礼记·典礼上》云：男子二十冠而字。按照古制，男子到二十时，便要在宗庙中行加冠的礼数。冠礼由父亲主持，并由指定的贵宾为行冠礼的青年加冠三次，分别代表拥有治人、为国效力、参加祭祀的权力。加冠后，由贵宾向冠者宣读祝词，并赐上一个与俊士德行相当的"字"。此后，男子要把头发盘成发髻，然后再戴上帽子。"夫"字的造型，正反映了这一古制。

（甲骨文） （金文） （小篆）

如图所示，甲骨文、金文的"夫"字从大从一，"大"为人，"一"表示用来束发的簪子，整个字形像一个束发插簪的人形，它的本义即指成年男子。

《说文解字》云：夫，丈夫也。古代称身高一丈的男子为"丈夫"，"丈夫"就是大男子的意思。周制以八寸为尺，十尺为丈，人长八尺，故曰丈夫。男子成年始成婚配，故"夫"可引申指丈夫，即女子的配偶，与"妇""妻"相对；男子成年后，就要从事各种体力劳动，故夫又指服劳役或从事某种体力劳动的人，如渔夫、农夫等。

关于"夫"字，有这样一个故事：相传乾隆皇帝与宰相张玉书到江南微服私访，看见一位农夫在田间劳作，便问张玉书："这是什么人？"张玉书答曰："这是一个农夫。""农夫的'夫'字怎样写的？"张玉书心中明白，皇帝不会不知道"夫"字怎样写，肯定要发表高论了，因此故意随口说道："两横一撇一捺。"

乾隆听后摇摇头说："你这个宰相，竟连一个'夫'字都不能辨别清楚。"张玉书连忙上前奏道："微臣不才，请皇上指教。"

乾隆皇帝哈哈一笑，得意洋洋地说："农夫是刨土之人，上写'土'字，下加'人'字。轿夫肩上扛竿，写'人'字后，再加二根竿子。孔夫子上懂天文，下知地理，这个'夫'字是先写'天'字出头便是了。夫妻是两个人，先写'二'字，后加'人'字。匹夫是指大丈夫，这个'夫'字是先写'一'字再加'大'字便是。"

"妇"字的由来——"妇"字趣说

在男尊女卑的封建社会，妇女地位低下，婚后的主要任务是服侍丈夫和操持家务，"妇"字正好体现了古代妇女的这种身份。

彩（甲骨文）　妹（金文）　婦（小篆）

《说文解字》云："妇，服也。从女持帚，洒扫也。"如图所示，甲骨文的"妇"字，右边为"帚"字的象形字，是一把打扫卫生的扫帚。左边的即"女"字。整个字形像一个长跪女子手持扫帚打扫卫生。"妇"的本义为"打扫卫生的女人"。一般情况下，"妇"和"女"是有区别的，"女"是对所有女性的通称，而"妇"指已婚女子。如果"妇"和"女"字连在一起使用，这种区别就不存在了。"妇女"泛指所有的女性。

妇人最早还是一种带有等级意味的称呼。据《礼记·典礼》记载，天子的妻子叫做后，诸侯的妻子叫做夫人，大夫的妻子叫做孺人，士的妻子叫做妇人，老百姓的妻子叫做妻子。

在封建社会，社会对女性的要求是要其遵守妇道，最突出的就是要"三从四德"。"三从四德"是为适应父权制家庭稳定、维护父权、夫权家庭（族）利益需要，根据"内外有别""男尊女卑"的原则，由儒家礼教对妇女一生的道德、行为、修养所进行的规范要求。三从是在家从父、出嫁从夫、夫死从子；四德是妇女要遵守的四种道德规范，有妇德、妇言、妇容、妇工。

关于"妇"字有这样一个故事：北宋时，王安石和他的朋友王吉甫两人经常在一起猜谜。一天，王安石出了一个字谜："左七右七，横山倒出。"王吉甫一听便猜出王安石所说的是个什么字，却没有直接说出谜底，而自己也作了一则谜语："一上一下，春少三日，你猜我猜，合是一对。"王安石一听，哈哈大笑。原来，王安石和王吉甫的谜底分别为"妇"和"夫"字。

老者倚杖之形——"老"字趣说

所谓"老"字，《说文解字·老部》云："老，考也，七十曰老。从人、毛、匕。言须发变白也。"古人是怎样创造"老"字的呢？

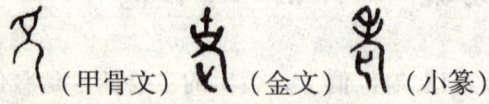
（甲骨文）　（金文）　（小篆）

商承祚《殷墟文字类编》中说："（甲文）老者倚杖之形。"可见甲骨文的"老"为象形字,是一持杖老者的形象。如图所示,甲骨文、金文的"老"字,像一个弯腰驼背、老态龙钟的老人手拄拐杖的样子。老的本义即指老人,即年纪大的人。

老年人经验丰富,办事稳重,因此"老"引申为"老练"的意思。又由于年龄大的人,活的时间长,对过去的事物经历的时间一般都较长,所以"老"又指历时长的、陈旧的或原来的等意思。

宋代的帝王笃信中国传统的道教,崇尚黄老之学,受其影响,宋代不少人名中喜欢带上一个"老"字。在宋史和宋代诗文中,以某某老命名的人常常可以见到。自古至今,老,也是对老人的尊称。

关于"老"字,有这样一个故事:纪晓岚是清朝乾隆年间的大才子,他聪颖睿智、出口成章、风趣幽默,连皇上也十分喜欢。乾隆素知纪晓岚体胖怕热,夏天总喜欢脱衣纳凉,因此就想戏弄他一下。这日,纪晓岚正赤着上身与群臣办公,忽闻"圣上驾到",纪晓岚猝不及防,衣不蔽体,情急之下,钻入案底。乾隆心知纪晓岚藏于桌下,便假意要走,纪晓岚不知就里,只顾问:"老头子走了没?"一句话被皇上抓个正着。乾隆坐了一个时辰,不走,也不说话。纪晓岚趴在地上,屏气凝神,心里发慌,加上天热,已然大汗淋漓。这一卜乾隆也忍俊不禁,说:"你如此无礼,说出这样的轻薄话。你给我解释清楚,老头子是怎么回事?"纪晓岚说:"臣还没穿衣服,怎么回圣上的话呢?"乾隆让太监给他穿上衣服,说:"亏你还知道跟我说话要穿衣服。"趁穿衣服的时候,纪晓岚已经想好了说辞,他十分恭敬地对皇上说:"皇上万寿无疆,还不是'老'吗?万物之首,皆为'头',您老人家顶天立地,是百姓之'头'呀!帝王以天为父,以地为母,对于天地来讲,就是'子',而且'子'乃圣人之称,孔子、孟子皆称为'子',连在一起就是'老头子'。"说的都是好话,乾隆皇帝龙颜大悦。

年长发长——"长"字趣说

古时候,上了年纪的老人一般都是须发很长,拄着拐杖,步履蹒跚,古人正是用这种具体的形象来表示"长"这种抽象概念。

(甲骨文)　(金文)　(小篆)

如图所示，甲骨文的"长"是人披着长发并拄着拐杖的样子。"长"字本义是年长发长，引申义有空间时间距离大、长度、长处、擅长、多余等，如天长地久、长短、一技之长、长于写作、身无长物。

长头发并拄着拐杖一般是老年人，所以引申为长幼的长；又引申指排行第一、辈分大、长官等，如长兄、长辈、部长。长头发和老年人都有一个生长过程，所以又引申为生长的长。又引申指增加，如长见识。

关于"长"字，有这样一个故事：据说，有一户人家以卖豆芽为生，他希望自家的豆芽长得好一些，于是在自家门口贴了一副对联。

上联是：长长长长长长长，

cháng zhǎng cháng zhǎng cháng cháng zhǎng

下联是：长长长长长长长。

zhǎng cháng zhǎng cháng zhǎng zhǎng cháng

整幅对联全部是由"长"字组成，真是妙趣横生。

第五章　汉字里的衣食住行

百官补服——"服"字趣说

关于"服"字，我们平时既有"衣服"一词的"服"，也有"服从"一词的"服"。"服"字本义是什么，从"服"字字源可见一斑。

（甲骨文）　　（金文）　　（小篆）

关于"服"字，《说文解字》云："服，用也。一曰车右骑所以舟旋从舟声。"如图所示，甲骨文的"服"字左偏旁就是一个舟字。舟作为人类交通的一种工具，"服"字的本义为使用工具，含有乘舟办事的意思。

"服"字由本义使用工具引申为进行某种劳动；进行某种劳动应该是自愿的，因此"服"字又引申出服从、顺从的意思；服从的时间久了，就会形成一种习惯，因此"服"字又有了习惯、适应的意思，例如"水土不服"中的服字是习惯的意思，衣服、服装的服字就是适应的意思。

我国古代服装的种类、样式和现代是有所不同的，在不同的历史阶段，也出现了很多特殊的服装，比较典型的是胡服、品服和补服。

所谓胡服，实际上是西北地区少数民族的服装，它与中原地区宽衣博带式汉族服装有较大差异，一般为短衣、长裤和革靴，衣身瘦窄，便于活动。首先采用这种服装的赵武灵王，是中国服饰史上最早一位改革者。这种服装最初用于军中，后来传入民间，成为一种普遍的装束，并沿用了两千多年。

品服，即封建时代官吏所穿的公服，亦称"品色服"，出现于我国隋代。官吏的服色，按品级高低各有规定，至唐代形成制度。唐贞观四年（630年）规定：三品以上着紫衣，四、五品着绯（大红）衣，六、七品着绿衣，八、九品着青衣。平民百姓多穿白布。士兵在汉代衣赤，隋代衣黄，唐代衣皂。

补服,是明、清两代的官服,在前胸和后背都有用金线和彩线绣成的补子,是官员品级的标志。这种制度开始于明朝,清朝作为官服制度固定下来。根据《清朝通典》的记载,清代文官的补服上要绣上鸟类,武官的补服上要绣上兽类。

儿女共沾巾——"巾"字趣说

在古代诗歌中,"巾"字是经常出现的一个字,例如"儿女共沾巾""归来泪满巾",等等,那么,"巾"是什么东西?古人是如何造"巾"字的呢?

(甲骨文)　　(金文)　　(小篆)

关于"巾"字,《说文解字》云:"佩巾也。"如图所示,古文字的"巾"字,就像是挂着的一幅布或一条手巾。它的本义是指擦汗或擦东西的实用物品,类似现在的手巾;后又指头巾、领巾。汉字中凡从"巾"的字皆与布匹有关,如布、市、幅、常、帷、幕、幡等。

在现实生活中,我们经常把那些在各条战线上作出突出贡献的女性称作"巾帼英雄","巾帼"往往也表示对妇女的一种尊称。"巾帼"最初指我国古代妇女的头巾和发饰,在我国古代,巾帼的种类非常多,颜色也各式各样。头巾一般选用高级的丝织品制成,发饰品上面缀有一些珍贵的翡翠和玛瑙。正因为巾帼用料考究,做工精细,价格昂贵,所以,后人把妇女尊称为"巾帼"。"巾帼"一词最早见于《晋书·宣帝纪》,其中记载道:"诸葛亮数挑战,帝不出,因遗帝巾帼,女人之饰。"

人靠衣装——"衣"字趣说

远古时代,古人们是没有衣服的,《五经要义》一书说:"太古之时,未有布帛,食兽肉而衣其皮,但知蔽前,未知蔽后……"据传说,中国到了黄帝时候,才开始有穿"衣"之说,而三千多年前甲骨文时代的"衣"字款式,则领导了中国时装潮流。

𠔉（甲骨文）　𠔉（金文）　𠔽（小篆）　衣（隶书）

先看甲骨文中"衣"字的写法，很像衣服的样子，上边的"人"字形部分就是衣领，两边开口处就是衣袖，下边交叉的是衣襟。金文、小篆的字体演变，没有脱离甲骨文的原形，只是大部分衣襟是向右拐的。《说文解字》释："衣者，人所倚，以蔽体者也。"隶书里，"衣"字逐步失去了衣服的样子。

"衣"本来只指上衣，后来才指为上、下衣的统称。用"衣"作为表意的符号，大都与衣服或布匹有关。作为意符，放在字的左边，写成"衤"，如"衬衫"；放在字的下部写成"衣"，如"袭"。

《说文解字》云：衣，所以蔽衣体者也。上曰衣，下曰裳。"衣"的本义是"上衣"，泛指衣服，例如"衣冠楚楚"。"衣"由"蔽体"之意引申指包在物体外面像衣服的东西，例如"糖衣""炮衣"等词。"衣"还用作动词，表"穿"的意思，例如有个成语为"衣锦夜行"，指夜里穿着华丽的衣服走路，比喻不能在人前显示荣华富贵。

大禹发明筷子——"箸""筷"二字趣说

筷子，被西方誉为"东方的发明"，在世界各国的餐具中独树一帜。

相传，尧舜时代，洪水泛滥成灾，舜命禹去治理水患。有一次，大禹乘船来到一个岛上，饥饿难忍，就架起陶锅煮肉。肉在水中煮沸后，因为烫手无法用手抓食，大禹不愿等肉锅冷却而白白浪费时间，就砍下两根树枝把肉从热汤中夹出，吃了起来。从此，为节约时间，大禹总是以树枝、细竹从沸滚的热锅中捞食，这样可省出时间来治理洪水。久而久之，大禹练就了熟练使用细棍夹取食物的本领。手下的人见他这样吃饭，既不烫手，又不会使手上沾染油腻，于是纷纷效仿，就这样渐渐形成了筷子的雏形。

筷子原来称"箸"（zhù）。《说文解字·笔部》："箸，饭攲也。从竹，者声。"王筠句读"攲，持去也。《通俗文》：'以箸取物曰攲。'"由此可知，许慎所说的"饭攲"就是吃饭时所使用的餐具，那么"箸"就是后之筷子无疑。

"箸"怎么变成"筷"呢？这是因为古人十分讲究忌讳，因"箸"与"住"同音，"住"有"止""停止"的意思，人们认为以"箸"字作为餐具的名称不吉利，加之古人都希望自己在事业上一帆风顺、永不停止、快快成功，因此另造一个由"竹"和"快"二字组成的"筷"字代替了"箸"，之所以用"竹"，是因为这种餐具多为竹子制成。"快"除了发音外，也有表意功能，"快"有"高兴""愉快"的意思。

食以米为先——"米"字趣说

米指的是去掉皮、壳的谷物，如大米、小米等，俗话说，"民以食为天，食以米为先"，日常生活中，人们每天都离不开米，"米"字是如何造型的呢？

川（甲骨文）　米（小篆）

《说文解字》云："米，粟实也，象禾实之形。"如图所示，甲骨文的"米"字，像散落的米粒之形，中间加一横主要是为了和沙粒、水滴相区别。米是人类经常食用的粮食，故汉字中凡从"米"的字大都与粮食有关，如籼、粒、粳、糠、粟等。现在的"米"字，还用作长度单位名称（旧称公尺），一米的长度相当于三市尺。

古人在说到年龄时，有一个说法是"米寿"，"米寿"即为八十八岁，因为"米"字便是八、十、八三个字组成。

关于"米"字，有这样一个故事：相传杜甫自幼聪慧，祖父杜审言（唐初有影响的诗人）十分喜爱杜甫。在金秋的一个黄昏，祖孙二人漫步田野，农夫正忙着收割，杜审言触景有感，便吟诗四句，考考孙儿。诗曰：四个"不"字颠倒颠，四个"八"字紧相连，四个"人"字不相见，一个"十"字立中间。杜甫沉思片刻，便说出了答案。祖父喜上眉梢，笑在心间。原来，诗谜的谜底为"米"字。

苦而有味——"茶"字趣说

传说神农氏时代，人类渐渐增多，人们靠打猎难以获得足够的食物，加上当时什么食物都吞咽，因此时常会闹病。神农氏为此十分担忧，下决心要去找可以定期获取食物的方法。传说中神农氏的肚子是透明的,肝脏肠肺全能看得一清二楚,吃下去的东西也能看出它的消化情况。他就凭着这个肚子,看吃下去的东西会发生什么变化。于是他开始尝百草了。

神农氏准备了两个口袋,一个放在左边,一个放在右边。能吃的东西放在左边的口袋里,作为食物;不能吃的东西放在右边的口袋里,当做药用。他尝了一片嫩尖的绿叶,发现它落入肚子里后,把肚里的各部分擦洗得干干净净。神农氏把这种东西称作"查",后来人们就叫它为"茶"。"茶"在中国历史悠久,到了商汤时代,人们开始普遍饮用茶了。

茶这种植物,在我国出现很早,而"茶"字出现较晚。我国是茶树的原产地之一,早在公元前1世纪,史书上就有关于茶的记载。不过当时不叫"茶"而叫"荼"。"荼"字有一字多义的性质,表示茶叶,是其中一项,它还指一种苦菜。由于茶叶生产的发展,饮茶的普及程度越来越高,茶的文字的使用频率也越来越高,因此,民间的书写者,为了将茶的意义表达得更加清楚、直观,于是,就把"荼"字减去一画,成了现在我们看到的"茶"字。这种在原字基础上减去一笔而造的一个新字实际是汉字形体结构的变例,属于后起字的范围。

茶刈我国人民来说是一种历史悠久且独具魅力的饮品,因而,"茶"也就形成了它丰富的文化内涵。古人把品茶看做个人修养的象征,品茶过程中,不仅能品出茶的色、香、味,而且能辨出茶的好坏,品出茶的产地、制法和采茶时节等。古人还通过茶作种种联想,如"苦而有味,如忠谏之可治国;多而不害,如举世之能得贤"等,历史上以茶为诗、为文者更是多得不可计数。

孔子的鱼羊汤——"鲜"字趣说

关于"鲜"字,有这样一个传说。相传孔子周游列国时,曾经一度很困顿,缺衣少食,身边只有颜渊、子路、冉有、曾参等忠实信徒。

有一天,孔子早晨只喝了一碗菜汤,待到中午,饮食还没有着落,弟子们没有办法,便分路乞讨。

"先生,有羊肉吃了。"子路捧着一块羊肉,满头大汗地跑回来。孔子一见这难得一吃的肉,脸上显露出笑容。

刚点火烹煮,冉有又提回几尾鱼,收拾好了,随手放进了锅里。

羊、鱼同煮，孔子他们还没有吃过，心里有一些忐忑不安。

合烹的肉鱼很快就熟了，曾参先给孔子舀了一大碗，孔子尝了一口，觉得羊肉很香，鱼味很美，汤汁分外的好，令人回味无穷。孔子突然想到，鱼和羊肉合烹味道如此好，那就把"鱼"和"羊"字凑成一个"鲜"字吧。

姑且不论孔子造"鲜"字的传说是否真实，"鲜"字为什么要用"鱼"和"羊"两部分来构形呢？

羊鱼（金文）　鮮（小篆）　鮮（隶书）

"鲜"，甲骨文中还没发现有这个字。金文中还有一个"鲜"字，其结构是由"鱼"和"羊"两字构成，并且"羊"字在上，"鱼"字在下，可以隶定为"鲞"。小篆仍然保持了"鲜"的结构，只是"羊"和"鱼"的位置发生了变化："鱼"在左，"羊"在右。许慎《说文解字·鱼部》对此解释道："鲜，鱼名，出貊国。"对北方干旱地区的貊国人来说，鱼是很少的，他们多吃羊肉。在他们看来，羊肉味道是鲜美的，而吃到鱼后感到它的味道更鲜美，因此用"鱼"和"羊"造出了"鲜"字，其意思是：像羊肉一样味道可口的鱼。这就是"鲜"字的来历。

二十一日醋始成——"醋"字趣说

醋和食盐一样，属于最古老的调味品，人类食用醋的历史非常悠久，有人认为有一万多年。有关醋的文字记载的历史，至少也有三千年了。我国在数千年前已经可以掌握谷物酿醋的技术，春秋战国时代已出现专门酿醋的作坊。关于醋以及"醋"字的产生，历史上有两个传说。一是相传在远古时期，夏代杜康的儿子叫黑塔，成人后他带领自己的部下东迁到现在的江苏靠近长江的镇江市一带定居下来，并在长江边上开设了一家酿酒的作坊。当酒糟用水泡至 21 天后，他打开缸盖，突然一股香味扑鼻而来。他一尝，感到这种东西又酸又甜，与酒不同。他想给这种物质取个名字，想了想，这东西是用酒糟经过 21 天后才制成，于是他用"二十一日"，即"昔"字加上"酉"字造了一个"醋"字，以此字作为这种又酸又甜的物质的名称。自此，镇江的醋闻名遐迩，直到现在，镇江的醋仍然是以 21 天为一个酿制周期。

另一个传说是杜康造酒时,将酒糟浸在缸里,21天后的酉时(下午5~7点),他揭开缸盖,一股香味扑鼻而来,再尝尝缸里的水,香喷喷、酸溜溜、甜滋滋,味道很好。于是,杜康又照此制作,并把它推广开来。后来,造得多了,得有个专名才好。杜康想了许久,猛击一下脑门,这是二十一日酉时成功,"二十一日"加上"酉"不是"醋"字吗,就叫做醋吧。

以上只是古代传说,不足为据。在我国古典文献中,醋本作"醯"(xī)或"酢"(cù),曾被先人称为"苦酒"。最初的制法是用麦曲使小米饭发酵,生成酒精,再借醋酸菌的作用将酒精氧化成醋酸。春秋战国时醋还是比较贵重的调味品,汉代才普遍生产。

从结构来看,"醋"字的左边为"酉","酉"本为古代的盛酒器,此处指酒。它说明了"醋"与酒有关,或者说"醋"是酒类物质,其右之"昔"字据许慎说为声符,因此,人们认为"醋"为形声字。

塞向谨户——"向"字趣说

《诗经》里著名的农事诗《豳风·七月》中有这样一句诗:"穹窒熏鼠,塞向墐户。"意思是冬天来了,先民们先是堵塞墙洞,熏老鼠,把老鼠从家中赶走,另外还要把朝北的窗户堵塞起来,再在用树枝编扎的门上涂上泥巴,以此抵御寒风的袭击。这里的"向"字为何意呢?

《说文解字》云:"向,北出牖也。"所谓"向"就是朝北的窗子。上古时期,先民营造的房屋多是南北向,前为堂,后为屋,而且在前堂后屋里还开窗以通气采光,先民把窗通称为牖,把朝北的窗称之为"向"。

向(甲骨文) 向(金文) 向(小篆)

如图所示,甲骨文的"向"字,像在一座房屋的墙壁上开着一个窗口的形状,它的本义是专指朝北的窗口。从这个本义又引申为方向、朝向、面对等义。此外,向字还有从前、往昔、旧时的意思。"向"自从指朝北的窗户以后,再没有向指"所有的窗户"的意思方向发展,而是向着"方向""朝向"的意思引申。此后,"向"连"朝北的窗户"也不指了,于是古人又创造了一个"窗"字,取代了"向"的本义。

黄帝发明了车——"车"字趣说

人类历史上的第一部车是中华民族的祖先发明的。传说4600多年前的黄帝发明了车，最早的车由两个车轮架起车轴，车轴固定在带辕的车架上，车架附有车厢，用来盛放货物。"车"字的出现，是在车发明之后。

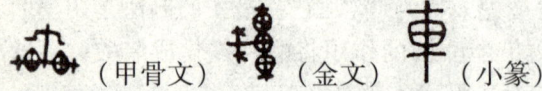
（甲骨文）　　（金文）　　（小篆）

如图所示，甲骨文的"车"字是俯视图；金文的"车"字是横视图，突出了车厢，像一辆舆、轮、轴、辕、衡、軶俱全的马车之形；小篆只留下一根车轴上有舆（车厢）和两轮。

考古发现最早的车是商周时期的战车，以后也用作载物。最初的车辆，都是由人力来推动的，称为人力车。后来人们开始用牛、马拉车，称为畜力车。据传说，畜力车是商汤的先祖相土和王亥共同发明的。

"车"字的引申义有机器、牙床骨、用车床切削东西等，如车床、辅车相依、车光。凡从"车"的字，大都与车及其功用有关，如轨、轮、转、载、军等。

黄帝为什么称为"轩辕氏"呢？古书上说是因为他在战争中发明了一种车战法。打仗时，将士都站在战车上；停战休息时，战士围成一圈，指挥员立在中间，只留一个空当做出入的门，起到保护指挥员的作用。古人把有布幕的战车叫做"轩"，两车中间的空当称为"辕"，因此发明这种车战法的黄帝，就又称为轩辕氏了。

天子造舟——"舟"字趣说

人类著名的文明发祥地都在河流的周围，如黄河、长江、恒河、尼罗河等，为了横渡江河湖海，人们很早就学会了造舟、造船。上古有"天子造舟，比舟为梁"之说，意思是古代统治者把船造好，排起来，作为桥梁，用来渡水过河。人类横渡江河湖海的舟船起源于石器时代，距今大约有7~8千年的历史。人类首先发现可以乘坐漂浮在水面的树木或竹子到达彼岸，还发现将多个树干或竹子联结在一起可以使更多的人或物横渡江河，于是发明了浮筏。后来，随着生产力水平的提高，人类将树木加工成独木舟，舟船就在人类不断的进步中发明创造出来了。

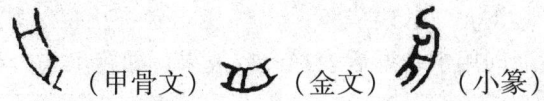
（甲骨文）　　（金文）　　（小篆）

如图所示，甲骨文、金文的"舟"字，像一只小船的简单形象，其本义即为船。舟又用作器物名，古人称搁茶碗的小托盘为"茶舟"，今人也叫"茶船"。汉字中凡以舟为义符的字大都与船及其作用有关，如航、舫、舰、艇、艘等。

现代社会，船不仅是人类不可缺少的生产、生活用具，在交通、经济、军事等方面发挥着越来越大的作用。生活中，我们经常会看到艇、舰、船等各种名称的"船"，应该怎样区别他们呢？通常所说的海军舰艇，是对海军各类舰、艇、船的总称。根据规定，舰和艇是按吨位大小区分的，排水量在500吨以上的统称为舰；排水量在500吨以下的统称为艇；潜水艇无论其吨位大小，都称为艇；用于作战保障的辅助船只，无论其吨位大小，都依其使命分类称为船，如油船、水船、防救船、航标船、破冰船等。

古人的房子——"出"字趣说

《易·系辞》曰"上古穴居而野处"，远古时代先民们曾在山洞或地穴中栖息，以躲避凶禽猛兽的袭扰。后来，人们开始学会了建造房屋，最初的房屋是一种半地穴式的简单建筑，即在地上挖一浅坑，以坑壁为墙，然后再在坑顶搭上草棚。整个房子一半在地下，一半在地上。而屋子的出入通道有的是斜坡，有的是土阶。古人正是通过这种生活方式的体验，创造了"出"字。

（甲骨文） 　　（金文） 　　（小篆）

如图所示，甲骨文、金文的"出"字，字形的上部为止，像一只向上的脚，下部是一条上弯的曲线，表示这是一个门口或者土坑口，上下合起来的意思是从土坑里边走出来，表示人从屋中向外走出的意思。因此，出字的本义是指外出。

"出"的引申义有来到某处、出现、显露、拿出、支出、离开、发出、发泄、生出、产出、发生、超过、出版等，如出席、水落石出、出名、出主意、入不敷出、出轨、出口成章、出气、出芽、出品、出事、出色、出本书。"出"做助词用于动词后表趋向或效果，如跑出去、打出水平。

几出戏的"出"与出来的"出"没有什么关系，它是齣的简化字，指一段独立的剧目或节目。因为我国的传统喜剧大都是从传奇演变而来的，传奇的一回就叫做一出，所以戏剧里面所表演的情节，从开始到结束能构成一段故事的就叫一出。

闷悠悠少个知心——"门"字趣说

在原始社会早期，原始人类曾利用天然崖洞作为居住处所，或构木为巢。为了抵御野兽和风雨的侵袭，原始人类发明了用竹木藤条编织的门。古人也根据这种门的形状造了"门"字。

（甲骨文） 　（金文） 　（小篆）

如图所示，甲骨文的"门"字，有门框，有门楣，有一对门扇，是一座完整的门形。金文"门"字去掉门楣，但仍保留着两扇门的原形。"门"字的本义是宅院的进出口。引申义有家、家族、种类、派别等，如双喜临门、门当户对、分门别类、门户之见。建筑物或交通工具的出入口及其装置也称门，如车门、油门。又指达到目标的途径，如门径、窍门。汉字中凡从"门"的字，大都与门有关，如闭、间、闲、闸、闯等。

关于"门"字有这样一个故事：相传，王安石老年罢相回到江宁，请了一个名叫鲁慧的木匠，为他设计一所宅院。这一天，鲁慧将设计好的宅院图样拿给王安石看，王安石看了，不停地点头称赞，最后在图样的空白处写了四句诗：

借阑干东君去也，霎时间红日西沉，灯闪闪人儿不见，闷悠悠少个知心。

鲁慧是个聪明的匠人，一看就明白这四句诗谜的谜底都是一个"门"字，这说明王安石对门的设计还不是很满意啊。等鲁慧把修改好的图纸拿来时，王安石一看，便大为赞赏，非常满意，这所宅院盖好后就是著名的半山园。

颜回解卜——"前"字趣说

相传，孔子的学生子贡外出久久不归，孔子与他的学生在家中为他着急，于是卜了一卦，结果得了一个鼎卦："无足。"大家看着这个卦象，焦急万分，认为"无足"二字说明子贡再也不会回到他们的身边了。大家正在惊恐之际，颜回在一旁偷偷地发笑。孔子见了问道："颜回，你的意思是子贡会回来吧！"颜回点点头说："老师，正是这个意思。"孔子不解地追问道："你是怎么理解'无足'的呢？"颜回解释道："所谓'无足'，是说子贡要坐船回来，不用步行，我看他很快就会回来了。"第二天早上，子贡果然乘船回来了，应验了颜回说的"无足"二字的意思。

（甲文） 　（金文） 　（篆-1） 　（篆-2）

（隶书） 　（楷书）

如图所示，甲骨文的"前"字，上面是一个定形，下面是一个船形，意思是脚在船中，船正向前行进，因为船在河中大多前进，绝少后退，我们的祖先正运用这个意思来创造"前"字。到了金文，"前"字上部足形演变成"止"放在船的顶上，在此基础上进一步发展为秦代的小篆（篆-1），与此同时，还出现了另一个"前"旁加"刀"的小篆（篆-2），这实际是"剪"字小篆的写法，隶变时，便根据图篆-2，把"剪"演变成隶书的"前"，最终发展成今天楷书的形状。后来，才又另造一个"前"下加"刀"的"剪"，使"前""剪"二字区别开来。

第六章　汉字里的天文地理

总括时空——"宇""宙"二字趣说

远古时代，人们对宇宙结构的认识处于初级状态，他们通常按照自己的生活环境对宇宙的构造进行推测。西周时期，古人提出的早期盖天说认为，天穹像一口锅，倒扣在平坦的大地上；后来又发展为后期盖天说，认为大地的形状也是拱形的。何为宇宙？我们从"宇""宙"二字的字源来简单分析一下。

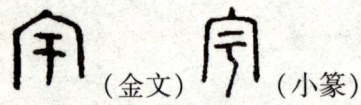

关于"宇"字，《说文解字》云："宇，屋边也。从宀，于声。"如图所示，金文中"宀"即为房子的形状，是"宇"字的形旁，"宇"字本义为房檐，后引申泛指"房屋"，如"唯恐琼楼玉宇，高处不胜寒"；后来"宇"字词义扩大，又指"上下四方整个空间，天下"，例如"有席卷天下，包举宇内，囊括四海之意"；"宇"字还有"风度、仪表"等义。

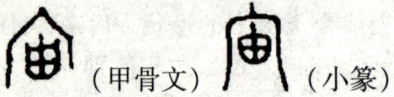

关于"宙"字，《说文解字》云："宙，舟舆所极覆也。从宀，由声。""宙"字为形声字，本义为"栋梁"。后来词义扩大，引申指"凡舟车所到的地方"，例如"精游宇宙"；又引申指古往今来所有的时间。

何为宇宙？"宇宙"一词，最早出自我国古代著名哲学家墨子（约公元前468年～公元前376年）。他用"宇"来指东、西、南、北四面八方的空间，用"宙"来指古往今来的时间，即"四方上下谓之宇，古往今来谓之宙"，"宇""宙"二字合在一起便是指天地万物，不管它是大是小,是远是近;是过去的,现在的,还是将来的;是认识到的,还是未认识到的。

从科学上讲,"宇宙"是指整个物质世界,它处于不断的运动和发展中。即宇宙是广漠空间和其中存在的各种天体以及弥漫物质的总称。科学家们研究发现,宇宙是由大约150亿年前发生的一次大爆炸形成的。在爆炸发生之前,宇宙内所存物质和能量都聚集到一起,并且宇宙空间到处充满着杂音电波。迅猛的大爆炸使物质四散出来,宇宙空间不断膨胀,辐射温度不断降低,后来相继出现的宇宙中的所有星系乃至生命,都是在这种不断膨胀冷却的过程中逐渐形成的。宇宙大爆炸理论认为,宇宙是从既无空间也无时间的"虚无"之中以惊人的速度瞬间诞生的。并且,宇宙总是周而复始地从诞生到消亡、再诞生、再消亡。

星汉灿烂——"星"字趣说

夸父追日,嫦娥奔月,屈原问天……人类从诞生之日起就在探索宇宙。这个浩瀚的世界是多么神奇,这个神奇的世界充满了未知。从古至今,静谧的夜空下,有多少人抬起头,遥望美丽的星月。"星"字便是古人仰望星空的产物。

（甲骨文） （金文） （小篆）

《说文解字》云:"星,万物之精,上为列星。"如图所示,甲骨文的"星"字,像夜空中繁多的星星,即用五个方块来表示星星,"生"代表读音。金文、小篆的"星"字,上面用三个"日"来代表星星,这是因为在上古时以"三为数之众","三"表示"多"的意思。此后,随着汉字的不断简化,"星"字逐渐成上"日"下"生"的形状。

科学地讲,星通常是指夜间天空中发光的星斗天体。如"星移斗转"指星斗变换位置,表示季节改变,比喻时间流逝。由于我们用肉眼看,星星在天空中是细小的,所以星字又指细碎如星之物,例如"星火燎原",比喻小事可以酿成大变,现比喻为开始时弱小的新生事物有伟大的发展前途。由于星星在夜空中很光亮,所以人们还用"星"比喻某一方面新出现的杰出人物,如"影星""歌星"等。古代专门以星象来推算吉凶祸福的行业也叫"星"(如医、卜、星、相)。除此之外,"星"的意义还有很多。

旭日东升——"旦"字趣说

清代桐城派散文家姚鼐在《登泰山记》中，这样描写日出景象："日上，正赤如丹，下有红光，动摇承之。"这便是五千多年前古人创造的"旦"字所反映的景象。

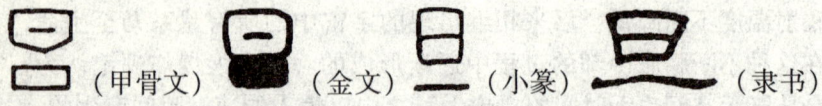

（甲骨文）　（金文）　（小篆）　（隶书）

甲骨文和金文都是旭日初升、太阳未完全离开地面的样子。篆书中用一条横的标准线表示地平线，以后，在隶书中，这条线依然没有改变。

"旦"的原意为早晨，历来是光明的象征。典籍还有"旦旦"一语，喻天天、明亮，又可表诚恳，最著名者莫过于《诗·卫风·氓》中的"言笑晏晏，信誓旦旦"了。

传统戏剧中扮演女子的各种角色称为"旦"，如花旦、老旦、小旦、色旦、正旦、副旦，诸如此类的"旦"则属借用。

据《尚书大传·虞夏传》记载，舜将帝位禅让给禹时，曾唱过一首《卿云歌》，歌曰：卿云烂兮，糺缦缦兮。日月光华，旦复旦兮。"日月光华，旦复旦兮"意为明明相代，日月光辉长久照耀。《卿云歌》在1921年曾被国民政府指定为正式国歌。据说复旦大学校名中的"复旦"二字也源于《卿云歌》。

"先生之风"——"风"字趣说

清代著名画家李方膺有一次和朋友谈起绘画，有人说："世上什么东西都好画，就是有一种东西画不了，这就是'风'！"众人纷纷表示同意，因为风无影无踪，确实难画，但李方膺却不以为然，他坚定地说："风也能画。"

李方膺当场挥笔作画，一会儿，他果然把"风"画出来了。这就是我们今日所见到的《风竹图》。看了李方膺的《风竹图》，有人评价说："李方膺不仅把风画出来了，而且把风声也画出来了。"

李方膺能画风，那么古人是怎样创造"风"字的呢？

第六章 汉字里的天文地理

䈿（甲骨文） 凬（金文） 凮（小篆） 風（隶书）

如图所示，甲骨文的"风"字是一只大鸟的形状，这其实是古时的"凤"字。上古时期，还没有"风"字，在商周卜辞里面，都是借"凤"字作为"风"字使用的。如"大凤"就是"大风"，"小凤"就是"小风"，"不凤"就是今天不刮风。

风动则虫生，后来，古人抓住昆虫的这种现象，以"虫"表意，以"凡"表音，创造了"風"字这个形声字，以后便以此字为基础，逐渐演变成今天我们所用的简体"风"字。

风是空气的流动，但古人对风的理解，远远不止这一种自然现象，而是理解成一种氛围，一种气象，一种环境。风的引申义有风气、风范、风度、风俗、风光，等等。

历史上关于"风"字的故事有这样一则：宋代大散文家范仲淹在浙江做地方官时，在富春山上的钓台上造了一座严子陵的祠堂。祠堂落成后，范仲淹为之写了《严先生祠堂记》一文。记中写道："云山苍苍，江水泱泱，先生之德，山高水长。"文章写好后，将此文送给友人李泰伯看，李看后赞不绝口，随后对范仲淹说："如果诗中改动一个字，那就更完美了。"范仲淹连忙请教。李泰伯说："诗中写云山江水的话，意境很大，后面用一'德'字来承接，便觉得有些局小，而且太呆板。把'德'字改成'风'字，你看如何？"范仲淹听了，连声说好，马上就把"德"字改成了"风"字，并且尊称李泰伯为一字之师。

潇潇雨下——"雨"字趣说

下雨是最常见的自然现象，当天空中的云遇到冷空气，就凝聚成水珠，水珠越聚越大，落向地面，这就是下雨。"雨"与人们的生活及农业生产的关系非常密切，古代农田水利基础设施不够完善，靠天吃饭的人们从原始的农耕时代开始就有祈天降雨的习俗了。

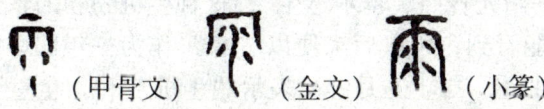

（甲骨文） （金文） （小篆）

如图所示，甲骨文的"雨"字，像从天空中降落水滴的形状，其上一横代表天空中降雨的云层,其下之点或短竖表示从云层上落下的雨滴。其后的金文和小篆均承袭了这种造型。总之,古文的"雨"字将下雨的情景描绘得栩栩如生,足见古人对下雨这种自然现象观察得很细致。"雨"的本义指雨水,又作动词,指降雨,引申为从天空中散落之义,如雨雪、雨粟等。汉字中凡从雨的字大都与云、雨等天气现象有关,如雷、雾、霜、雪等,这些大都是雨水的另外一种形态。

在"雨"字的运用中,除单纯的本义外,还有极为丰富的比喻义。例如"雨过天晴"意思是大雨过后,天又转晴,比喻情况由坏变好,黑暗之后见光明;"雨后春笋"意思是大雨过后春笋旺盛地生长出来,用来比喻新事物蓬勃出现;"雨露之恩"用雨和露比喻施人以恩惠;"雨落不上天"比喻离异夫妻难再复合;"雨散云收"比喻离散;"雨迹云踪"比喻男女旧情,已成往事。

四季之首——"春"字趣说

草长莺飞二月天,
拂堤杨柳醉春烟。
儿童散学归来早,
忙趁东风放纸鸢。

读罢清代诗人高鼎这首《村居》,我们不禁感叹:春天,是万物生息繁衍的季节,是美好的季节,是希望的季节。古人在创造"春"字的时候,也紧紧抓住了春天的特点。

(甲骨文)　　(金文)　　(小篆)

如图所示,在甲骨文中,"春"字的形体是三个"木"、一个"日"、一个"屯",其中"屯"(zhūn)既代表春字的读音,同时又是草木嫩芽的象形,整个字表达出来的意思是:阳光普照,草木萌生,一派生机勃勃的景象。小篆字形隶变以后,除"日"之外,其他部分都看不出来了。

"春"的本义原为"阳光普照、草木丛生",这种生机勃勃的景象只有在一年之首的春天才能看到,所以后来便以"春"作为一年四季的第一季节名,相当于农历的正、二、三月。又表示"生机"和"生意"等义。一年之计在于春,在春季,植物开始发芽生长,冬眠的动物苏醒,

许多以卵过冬的动物孵化,候鸟从南方飞回北方。因此春季也被称为"万物复苏"的季节。

巍巍华夏——"夏"字趣说

中华民族是一个有着悠久历史的古老民族,我们中国人古代自称"夏"或"华夏"。我们的民族何以称"夏"呢?这从"夏"字字源可见一斑。

(小篆)

如图所示,小篆的"夏"字,从页,从臼,从夂。页代表人头,臼代表两手,夂代表两足。整个字形像一个头身手足俱全的人。这个形体比起汉字中其他表现人的各种形态的字来说,所描绘的人"确也仪表堂堂"。因此,先人借用这个美好的字眼作为民族的用字。后来,"夏"字被借用为表示季节的用字。

由于"夏"本指仪表堂堂的人,所以"夏"又引申出"大"的意思。"夏"有"大"的意思,大概形成于春秋战国之交。因为战国以后,封建大一统观念开始深入人心,"夏"与"大"的意义便日益相合。其实,在此之前,禹所开创的"夏朝"就已经是大一统王朝的楷模。夏朝是我国第一个王朝,据推测,从公元前21世纪至公元前16世纪为夏朝时期,夏朝标志着中国若干万年的原始社会基本结束,数千年的阶级社会从此开始,他的诞生成为中华文明史上的一个重要里程碑。夏朝总共传了十四代，十七个王，延续近五百年。

"夏"由"大"又引申出"华彩"之意。《周礼·天官·染人》中有"秋染夏"之说，唐贾公彦解释说："夏谓五色，至秋气凉可以染五色也。"《尚书·孔氏传》中有"冕服采章曰华，大国曰夏"之语，孔颖达疏为："中国有礼仪之大，故称'夏'，有服装之美，谓之'华'。"大抵"华夏"自古以来便是我们汉民族先民的庄严自称，后来更成为整个中华各民族的合称。

关于"夏"字，有这样一个故事：陈嘉庚是中国近代杰出的华侨领袖，是一位著名的大实业家。他将一生中积累的资财都用在兴办学校的事业上。他不但在国内创办了规模宏大的集美学村和远近闻名的厦门大学，创办和赞助了近百所学校，而且在海外也创办并赞助了许多学校，培养了大批人才。20世纪30年代初，发生了世界性的经济危机，陈嘉庚先生在南洋的生意也大受影响，但陈嘉庚先生对厦门大学的援助有增无减。为此，他卖掉了自己心爱的三座大楼。当时人们称赞陈先生是："宁可变卖大厦，也要支持厦大。"

我言秋日胜春朝——"秋"字趣说

山明水净夜来霜，
数树深红出浅黄。
试上高楼清入骨，
岂如春色嗾人狂。

唐代著名诗人刘禹锡的一首《秋词》，把秋天的景致、心绪表现得淋漓尽致。古人在创造"秋"字的时候，把秋天的特点也表现得细致入微。

（甲骨文） 　　（小篆）

如图所示，"秋"字在甲骨文中有两种写法，第一种写法的"秋"字，像一只蟋蟀的形状，上面是蟋蟀的触角，背上突出的部分是蟋蟀的翅翼。蟋蟀在秋天鸣叫，又叫秋虫，因此古人把蟋蟀鸣叫的季节叫"秋"。第二种写法的"秋"字是在前一"秋"字下加"火"而成，是会意字。秋天，除了秋虫鸣叫这一特征之外，还有一个显著的特征就是禾谷成熟了，而成熟的禾谷似火一般，于是古人就在前一"秋"字的基础上加上"火"构成另一个"秋"。所以有的学者认为"秋"的本义是禾谷成熟了。对此字形，也有的学者认为：古人在庄稼收割后，往往在田间就地焚烧禾草，一方面作为地肥，另一方面可烧杀害虫，在虫下加火，表示烧杀蝗虫之意。篆书的"秋"字简化为从火从禾，突出了庄稼成熟似火这种典型的景物特征，或者是秋天焚烧禾草之意。

"秋"字从甲骨文到小篆，以至楷书，其构形几经变迁，虽然表义各有侧重，后人解释也各有千秋，但始终围绕着秋天的特征来刻意对秋天进行描绘。

关于"秋"字，有很多词语。例如，"秋波"是指秋天的水波，用来形容美目清如秋水。"秋毫"是鸟兽在秋天新长的细毛，比喻十分微小的事物。成语"明察秋毫"原形容人目光敏锐，任何细小的事物都能看得很清楚，后多形容人能洞察事理。"秋毫无犯"形容军队纪律严明，不取民间一点一滴。"落叶知秋"比喻见到一点苗头就能看清事物的发展方向。

秋季草木凋零、秋风萧萧，会让人产生悲凉、伤感的情绪，因此，秋被文人称作悲秋。如欧阳修的《秋声赋》就是写尽秋天的肃杀、残酷，以此抒发他的悲愁，并用秋景暗喻社会现实。然而，秋天也是收获的季节，是金色的季节，所以有人唱出了与悲秋完全不同的感情色彩。例如唐代诗人刘禹锡的《秋词》："自古逢秋悲寂寥，我言秋日胜春朝。晴空一鹤排云上，便引诗情到碧霄。"一代伟人毛泽东更是认为秋天的景色"不似春光，胜似春光"。

白雪纷飞——"冬"字趣说

《山海经》中记载了这样一个神话：传说我国古代有一个神兽叫烛龙，他是人脸蛇身的怪物，红色的皮肤，住在北方极寒之地。它的本领很大，只要它的眼睛一张开，黑暗的长夜就成了白天；它的眼睛一合上，白天就变回黑夜。它吹口气就乌云密布，大雪纷飞，成为冬天；呼口气又马上赤日炎炎，流金铄石，成为夏天。这个神话故事说明，在远古时代，先民们已经有了对四季的认识。古人是如何表现"冬"字的呢？

甲骨文中没有"冬"字，却有一个与"冬"有关的字，这就是"终"字，"冬""终"古相同，在商周甲骨文卜辞里都将"冬"作"终"字用。如图所示，甲骨文中的"终"字像一挂丝线已经用到了尽头，表示终极、终结之意，会意时序终了，已进入寒冷季节之意。此字的产生，说明我国已进入农业社会且已有了蚕桑缫丝业了。

金文的"冬"字，造字的逻辑性很强，整个字形像太阳被锁在一间封闭的房子里，表示冬天是寒冷的。"冬"的本义是寒冷，后来用作季名节名，以阴历10月至12月为"冬"。"冬"又用作象声字，衍生义则比较少。

冬季是在很多地区都意味着沉寂和冷清。生物在寒冷来袭的时候会减少生命活动，很多植物会落叶，动物会选择冬眠，有的称作休眠。候鸟会飞到较为温暖的地方越冬。

日月相推而明生——"日""月""明"字趣说

"日"是最早出现的象形文字之一，距今四五千年前，中国、古希腊和埃及都出现了篆形文字，表现太阳的象形字都是一个圆圈，圆圈之中有一个点。学者们认为这一点是指太阳的黑子。以下是"日"字的发展演变：

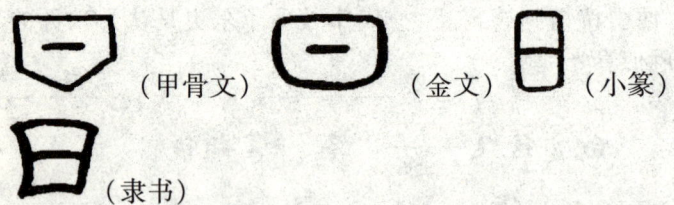

在古文字里，月字也是象形字，是极容易认识的。如下图所示：

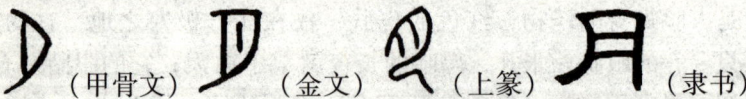

为什么要把"月"字写成月缺的形象呢？这是因为，古人在观察中发现，月满的时候少，月缺的时候多；如果把月写成圆月，就容易和"日"字相混，所以便用缺月作为"月"的基本形象。

《易·系辞下》记载："日往则月来，月往则日来，日月相推而明生焉。"这里意思是说天空中日月交相辉映的现象使大地更加明亮。古人对于自然现象的这种理解,从"明"字的造字中可见一斑。

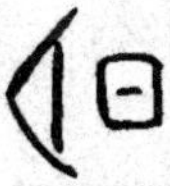

(甲骨文)　　(金文)　　(小篆)

(隶书)

后两个"明"字与前两个"明"字结构不同,有人认为这是由"朙"讹变而来,其实是古人另造的一个"明"字,"明"字左边的形状是房屋窗户的条形字,意思是:夜间日光照进窗子,使整个房子亮起来。其后在古文中两字并用,简化字则又取用了古文的"明"。简化字为何要取用"明"呢?主要因为"明"表示光明的意思比"朙"更准确、形象,写起来又方便。

也有人对"明"作了不同的解释,他人认为今人正是从"明"字的日月相映中,推知古人通过对天象的观测,已经了解到"月"本身是不发光的,它只有依靠太阳才发出反射光。由"明"的结构可以了解到古人对天象研究之深。

蓝色星球——"水"字趣说

地球表面有71%被水覆盖,从空中看,地球是个蓝色的星球。水是生命之源,是人类生存的命脉。"水"字是如何造型的呢?

(甲骨文)　　(金文)　　(小篆)

如图所示,甲骨文、金文中的水字,像一条弯曲的水流。中间的弯曲斜线代表河道主流,两旁的点是水珠水花。金文和小篆的形体更是弯弯曲曲、飞流直下的流水之形。所以水的本义指水流或流水;泛指水域,如江河湖海,与"陆"对称;后来引申指所有的汁液,如药水、泪水、橘子水等。

因为大江大河都是由水组成的,所以"水"在古代又作为江河的通称。又因为"江"在上古专指长江,"河"专指黄河,因而古人只能用"水"指江和河。如《诗·卫风·竹竿》:"泉源在左,淇水在右。"其意思是泉源从左边流过,淇水从右边流过。今天的汉水、渭水、淮水、泗水等几条河流均称"水",就是古代"水"指江、河的遗存。

"水"是汉字的一个部首。从水的字,或表示江河、水利名称,或表示水的流动,或水的性质状态。

每年4月中(傣历六月)的泼水节,是云南西双版纳傣族人民的传统节日。相传在很久以前,傣族家乡,来了一个火魔,把傣族家乡变成酷热干旱、五谷不生的地方。有一天,火魔抢了7名年轻美貌的傣族姑娘。其中最小的姑娘叫侬香,她骗取了火魔的宠爱,在傣历六月的一天,侬香设计把火魔的头勒了下来。奇怪的是,火魔的头一离地,火就灭;一着地,火又起。于是七姐妹轮流提着魔头,不让它落地。魔头滚烫,就不停地泼水降温。一直到7年以后,火魔才死去。

从此,傣族人民为纪念她们的功劳,每年傣历六月都要举行泼水节,庆贺除魔的胜利。节日期间,年轻人放鞭炮、赛龙舟、载歌载舞,一直持续三四天。

九州天下——"州"字趣说

近代的地质学、气象学及古生物学研究证明,远古洪荒时期,由于气候转暖、冰雪融化,地球上曾出现了一场可怕的水灾,整个地面成了一片汪洋,水面上忽隐忽现的小陆地成为人类唯一的栖身地。先民们在与洪水的斗争中开始登上历史的舞台。这场大洪水在各民族的记忆中都留下了不可泯灭的记忆,例如每个民族都有大水灾的记载,中国的大禹治水、《圣经》中的诺亚方舟;埃及、古希腊、印度无不提到曾淹没整个大地的洪水。而"州"字的创造,正是这种记忆的再现。

(甲骨文)　　(金文)　　(小篆)

《说文解字》云:"州,水中可居曰州,周绕其旁。"甲骨文、金文的"州"字,像一条奔流不息的河流,中间的小圆圈代表河中的小州。"州"字的本义是指水中的陆地,即河流中高出水面的土地,为"洲"的本字。

相传,大禹治水成功后,把天下划分为"冀州、兖州、青州、徐州、扬州、荆州、豫州、梁州、雍州"九个州。于是州字成为古代行政区域的专字。作为区划的"九州"历代均有变动,不过"九州"成为中国的代称由来已久。例如《己亥杂诗》中的:九州生气恃风雷,万马齐喑究可哀。

"州"专用于区域地名后，表示水中陆地的意思，则在原"州"字左边加上"氵"，即"洲"字。现在作为地名，州、洲用法有别：一般国内地名用州字，如广州、徐州等；世界级地名则用洲，如亚洲、欧洲等。国内地名特指水中陆地义仍用"洲"，如株洲、橘子洲（均在湖南）、沙洲（在江苏）、鹦鹉洲（在湖北）、桂洲（在广东）等。

关于"州"字，有这样一个故事，据《晋书·王濬传》载：一天，王濬做了一个梦，梦见有三把刀悬挂在自家的房梁上，不久又增加了一把刀。王濬惊醒过来，认为这是一个很不吉利的梦，因此整日惴惴不安。后来，他将自己做梦的事告诉下属李毅。李毅解梦道："三刀即为州字，又增加了一把刀为'益'，'益'和'州'加起来指'益州'，恭喜大人将亲临益州。"后来，王濬果然升任益州刺使，此时王濬对李毅钦佩不已。

万物由土而生——"土"字趣说

传说我们的祖先是女娲用泥土捏成的，人类靠泥土生存，万物靠土孕育，从古至今，泥土与人类的生存息息相关，有了土地才能从事农业生产，有了农业生产就有了衣食。古人祭祀时，常常把土块垒成高坛，祷天降祥，祈土纳福，把土当做地上万物的生长之源，把这种堆起来的土当做神来祭祀。"土"字的造型，便反映了这种风俗。

凸（甲骨文） 土（金文） 土（小篆）

如图所示，甲骨文的"土"字正像是一堆土的形状，《说文解字》云："土，地之吐生万物者也。二像地之下，地之中。｜，物出形也。""土"是社的本字，本义是聚土为社祭地神。引申义有泥土、土地、家乡、本土的、民间、不时兴的等。如土壤、国土、故土、土产、土政策、土头土脑等。

"土"可作偏旁，汉字中凡从土之字都与土壤或土地有关，如城、埋、垣、塞等。

川流不息——"川"字趣说

自古先人总是逐水而居,奔流不息的河流养育了世世代代的人类,被人类尊称为"母亲河"。"川"字的造字也是基于古人对河流的细致观察。

(甲骨文)　(金文)　(小篆)

《说文解字·川部》:"川,贯穿通流水也。"如图所示,甲骨文"川"字像一条弯弯曲曲的河流的形状,两边的弯线代表河岸,中间三点是流水。金文、小篆的川字干脆写成三条流动的曲线,也表示河流的意思。川字的本义为河流。

河水的水面一般都低于河岸,河流水面是平坦的,山间或高原上低而平坦的地带像河川,因此"川"引申为山间或高原上平坦的地带。如《乐府诗集·新歌谣辞·敕勒歌》:"敕勒川,阴山下,天似穹庐,笼盖四野"等。

"川"又为四川省的简称。"四川"这个名称,始见于宋代。公元1001年宋王朝对地方行政区划进行了一次新的调整,将巴蜀之地划分为益州路、梓州路、利州路、夔州路,总称"川陕四路",简称"四川路",这是"四川"得名之始。公元1109年的诏书中就正式使用了"四川"一词,这是目前所见到的将"四川"作为行政区划略称的开始。公元1286年,元代在宋代的川陕四路基础上设"四川行省",简称"四川省",省治成都。从此"四川"一名沿用下来。取全称中的"川"字作为简称。又因辖区西部古为蜀国地,故又简称"蜀"。

关于"川"字有这样一个故事,有个才疏学浅的教书先生只熟悉一个"川"字,上课的时候,只能拿一个"川"字应付。有一次,先生连续翻了许多页,都未寻见,急得满头大汗。忙乱之中,忽然见到一个"三"字,便指着"三"字大声骂道:"我到处寻你寻不见,原来你躺在这里睡大觉!"

沧海桑田——"海"字趣说

什么是"海"?在现代人观念里,是指"大洋靠近陆地的部分",在古人心目中,海是天下的尽头,《淮南子·氾论训》有语曰:"百川异源,而皆归于海。""海"字的造型,似乎也与这种认识有关。

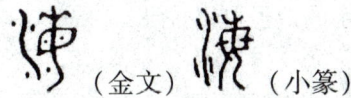
（金文）　（小篆）

《说文解字》云:"海,天池也,以纳百川者。从水,每声。"如图所示,金文"海"字左边为水的象形字,表示河流,右边为"每"字的象形,"每"字本指戴有头饰的妇女。因此,有的学者将"海"字的字形理解为"水的母亲"。"海"字的本义为靠近大陆比洋小的水域。

但在古人的认识里,类似于海的大湖也叫做"海","里海""青海""洱海"的名称传承至今。"海"是广大的,因此,它又可以指称具有"大"或"多"的意义特征的事物:可称"连成大片的很多同类的事物",如"人海""火海"之"海";可指"人的容量、口气",如"海碗""海量""夸下海口"之"海"。值得注意的是,"海"还可以表示"国外的",如"海棠""海枣"之"海"。与此相应,"海内"指中国之内,"海外"指中国境外,"海关"则是设在国境上的国家行政监督机关。

海,如今既可单用,也可作偏旁。凡从海取义的字皆与水多等义有关。以海作声符的字有"嗨"。

早在2000多年前的先秦时代,古人就"以海为田",创造了"雒田"（架田）技术,开始海耕。以后,又陆续发明"耗田""蚶田""蛏田""种蛤""养虵""珠池""鳀池""盐田"等一系列技术,并在宋代、明清时期先后形成两次耕海热潮。

中国古代有很多关于"海"的神话传说,诸如"精卫填海""沧海桑田"等,"精卫填海"典故出自《山海经》,晋代诗人陶渊明在诗中写道:"精卫衔微木,将以填沧海",赞扬精卫小鸟敢于向大海抗争的悲壮战斗精神。后世的人也常常以"精卫填海"比喻志士仁人所从事的艰巨卓越的事业。"沧海桑田"出自晋代葛洪的《神仙传》,原意是指海洋会变为陆地,陆地会变为海洋,比喻世事变化很大。

丰富的石文化——"石"字趣说

《诗·小雅?鹤鸣》有诗云:"他山之石,可以攻玉。"意思是别的山上的石头,能够用来琢磨玉器。原比喻别国的贤才可为本国效力。后比喻能帮助自己改正缺点的人或意见。此外,这句诗还告诉我们这样一个事实:石头产自山上,这个事实"石"字的造型可以佐证。

(甲骨文)　　(金文)　　(小篆)

如图所示,甲骨文的"石"字,像山崖下一块石头之形,它的本义指崖石、石头,泛指各种各样的石料。因石性坚硬,所以凡从石的字大都与石质及其坚硬的属性有关,如矿、硬、研、确、碑等。

有人说,一部浩如烟海的人类文明史,也就是一部漫长的由简单到复杂、由低级到高级的石文化史。人类的祖先从旧石器时代利用天然石块为工具、当武器,到新石器时代的打制石器;从营巢穴居时期简单地利用石头为建筑材料,到现代豪华建筑中大量应用的花岗岩、大理石装饰材料;从出土墓葬中死者的简单石制饰物,到后来的精美石雕和宝玉石工艺品;石头始终伴随着人类从蛮荒时代,逐步走向现代文明。石是中国传统艺术金、石、书、画中的一项,是古代"石刻艺术"的简称,中国还形成了别具特色的石文化。

"石"又用作量词,读为dàn。《通雅》中说:"一石为石,再(两块)石为儋(通'担',重量单位,约50公斤),故后人以儋呼石。"显然这里的"石"(dàn)是指重量单位。"石"还用于容量单位,古代十斗为一石(dàn)。

钻燧取火——"火"字趣说

火是饮食烹饪之根本。应该说,有了火,才有饮食文化。在没有火时,先民们只能过原始的、禽兽一般的生活。所谓"食草木之食,鸟兽之肉,饮其血,茹其毛。"如《韩非子》所说:"民食果蓏蚌蛤,腥臊恶臭而伤害腹胃,民多疾病。"自有了火后,才使"炮生为熟,令人无腹疾,有异于禽兽。"火之发明者,中国一致的传说是钻燧取火的燧人氏。

考古者从周口店北京猿人所用石器初步推测，中国猿人开始自觉用火，大约在五十万年以前。

（甲骨文）　　（金文）　　（小篆）

《说文解字》云："火，毁也。南方之行，炎而上，象形。"如图所示，甲骨文的"火"字像火焰升腾的形状。金文线条化。小篆整齐化。隶变后楷书写作火。"火"的本义为燃烧时产生的光焰。引申义有燃烧、枪炮弹药、战争等义。火焰有红色、热烈的特点，故"火"又用以表示红色、紧急、激动等义。中医也指人身出现阳性、热性一类现象。

火与古人的关系密切，汉字中凡从火的字大都与火及其作用有关，如炎、炙、焚、然、焦、烹、煮等。例如"炎"字，从二火，会意火苗更猛烈、更热。"焚"字上面是"林"，下面是"火"，这是因为在原始社会，农业生产技术非常落后，人们用火烧山林的方法来开垦田地，"焚"字最初表示的就是火烧山林的意思。后来焚字又有了燃烧、烧毁的意思。而在"火"上加"盖（一）"，表示覆压火上，这就是"灭"字，本义为消灭、灭亡。而"灰"字从手，从火。意思是火已熄灭，可以用手去拿，本义为火灰。

每年的农历六月二十四日是彝族传统的火把节，火把节是彝族最隆重的节日。传说很久以前，天王恩泽不让彝族过好日子，派了十大力神到人间糟蹋庄稼。勇敢的彝族小伙包聪与大力神摔跤三天三夜，终于将十大力神摔倒，十大力神低下头变成一座秃山。天王恩泽恼羞成怒，往地下撒了一把香面，香面变成无数害虫来吃庄稼，聪明的彝族人点燃一把火，把害虫全部烧光。天王恩泽不甘心失败，年年农历六月二十四日都要撒下害虫，彝族也毫不妥协地点燃火把对付害虫。这就是火把节的由来。

太阳升起的方向——"东"字趣说

我国古代有个神话传说为"日出扶桑"，扶桑是传说中的一棵大树，在东方，太阳就住在扶桑树上，每天早上，太阳就拂着扶桑树树枝升到高处，普照大地，扶桑树是中国上古宇宙观的直接体现。有的学者认为"东"字也是根据这个传说所造。

玩转汉字魔方——汉字密码全知道

（甲骨文）　（金文）　（小篆）

《说文解字》云："东，动也。从日在木中。"如图所示，"东"字在甲骨文中的形状是"日高未出树之顶梢"，意指太阳升起的方向，表示东方。

古时主人居东，故称主人为东家。请客的人称做东，还有一个词语叫"东道主"。

关于东道主的来历是这样的：春秋时期，有一次，晋国和秦国的联军包围了郑国。大军压境，郑国危在旦夕。这时，有人向国君郑文公献计说："晋国国君重耳攻打郑国是依仗着秦国的威力，如果派人说服秦国收兵，晋国自然也就退兵了。"郑文公认为他说得极有道理，就派了国中能言善辩的烛之武去说服秦国退兵。

当天夜里，烛之武偷偷地用绳子从城上坠下去逃出围困，悄悄地来到秦国。他见到秦穆公便问："秦晋两国军队包围了郑国，郑国朝不保夕。可是，郑国灭亡了对秦国又有什么好处呢？从地理位置上看，郑国在晋国的东边，秦国在晋国的西边，秦郑之间隔着晋国。郑国即使被打败了，其土地也只能被晋国占领，秦国捞不着任何好处。您仔细想想，秦国替别国打仗，为人家争得领土，自己得不着好处还削弱了力量，这是何苦呢？"一番话说得秦穆公沉默不语。烛之武又进一步说："如果留下郑国，让它作为'东道主'（东方路上的主人），秦国的使者往来东方，也有个落脚之地，让郑国供应秦使缺乏的东西，还能借其限制晋国的扩张，对秦国来说不是有百利而无一害吗？"秦穆公被说动了，同意与郑国结盟，撤回了围郑的大军。果然，秦国一撤军，晋国也就跟着撤军了。

从此之后，"东道主"一词便流传开来，应邀者便以"东道主"来称呼主人。

太阳落下的方向——"西"字趣说

"西"代表方向，是个很抽象的概念，古人是如何造"西"字的呢？我们想象一下：傍晚的时候，太阳西下，鸟儿都飞回林中的鸟巢，这是一副多么静谧、温馨的景象啊，古人正是根据这一自然现象创造了"西"字。

（甲骨文）　　　（金文）　　（小篆）

《说文解字》云："鸟在巢上也，象形。日在西方而鸟栖，故因以为东西之西。"如图所示，甲骨文、金文的"西"字，像一个鸟巢之形。小篆"西"字，则更在鸟巢之上添一个鸟形曲线，表示鸟在巢上之意。所以，西的本义指鸟巢，又有栖息之义。百鸟归巢栖息，一般在黄昏太阳落山的时候，故西字又可用作方位名，指太阳落山的方向——西方，与"东"相对。

古时待客，坐西而向东，以表示尊敬。所以称客座为西席，客人为西宾。近代泛指属于欧美等西方的样式或事物，如西服，西餐。人们还用"西风"一词指代秋风，又喻指日趋没落的腐朽势力。佛经中指佛祖所在之处为极乐世界，也叫"西天"。佛教发源地印度，古称天竺，因在中国之西，因此得名。

"东西"一词是我们通常对一切物体的总称。关于"东西"这一词的由来，还有一个故事。相传，宋朝，有一位理学家名叫朱熹，他好学多问，爱钻"牛角尖"。有一天，朱熹偶然遇见一个精通天文地理的好友盛温和。朱熹笑问盛温和："你提着竹篮子干什么去呀？"盛温和见是朱熹，一心想和他开个玩笑，便诙谐地眨着小眼睛说："我呀，是上街买'东西'的。"朱熹想来想去不明白他说的是什么意思，于是又问："'东西'怎么买法？什么价？买'东西'，那为何不买'南北'呢？"盛温和听了不觉失声笑道："你呀，真是聪明一世，糊涂一时。我问你，与金木水火土相配，统称为五行的是什么？"

朱熹这才恍然大悟，自言自语说："哦，哦……金木水火土，东西南北中，东方属木，西方属金，金木之类的物品，篮子里都能容纳得下，而南方属火，北方属水，这水火类放进篮子不连篮子都没了？"说罢，朱熹高兴地指着盛温和的脑袋说："哎呀，原来你的脑瓜子是转弯的！"两个人都哈哈大笑起来。

后来，这个有趣的小故事流传开来，"东西"逐渐被作为商品物质的代名词了。

从"背"而来——"北"字趣说

"败北"是我们经常用到的一个词，两军对垒，输了则为"败北"；体育比赛中运动员角逐，输了也说"败北"，是否失败者都向北方逃走呢？当然不是！"败北"到底为何意？我们分析一下"北"字字源就会明白。

（甲骨文）  （金文）  （小篆）

如图所示，甲骨文的"北"字字形像两个人相背而立的样子，《说文解字》云："北，乖也，从二人，相背。"所谓"乖"，就是指两人之间的关系不协调，有矛盾。其本义是"背对背"，即"违背"的意思。徐灏在《说文解字注笺》中说："北、背古今字。""北"后来假借为表示方向的"北"后，使用频率很高，不再作"背"的意思。因而古人另造一字，即在"北"字下加一"月"（古"肉"字），便是"背"。

为何古书中称打了败仗也叫"北"或"败北"呢？古代两军交战之时，打了败仗的一方要转向后逃跑，就成了背向敌方，这就是"败北"了。胜方在败军背后衔尾穷追，这就是"追奔逐北"，逐其背也。北即背，"败北"就是背敌而逃，逃的方向不管是东、是南、是西、都叫"败北"。

此外，中国人的方位词，都有固定用法，如北上、南下，没有人说北下、南上的。建房喜坐北朝南，皇帝上朝要南向而坐才有威严，都是约定俗成的。古时还有"北面"一词，旧时君接见臣，尊长接见卑幼，皆南面而坐，臣子或卑幼者则北向而立，故以北面指向人称臣。拜人为师也称北面。

南面之尊——"南"字趣说

相传上古时，黄帝与蚩尤曾在涿鹿之野发生战争，在这场战争中，黄帝发明了指南车，车上有一个木制仙人，仙人的手永远指着南方。适逢大雾，交战双方都迷了路，黄帝凭借指南车引导方向取胜，蚩尤兵败被杀。这个故事说明上古时期先民已经具有一定的天文地理知识。那么，古人是怎样造"南"字的呢?

（甲骨文） （金文） （小篆）

如图所示，甲骨文、金文中的"南"字，像钟、铸一类用于悬挂敲击的乐器之形，其本义可能是指古代南方少数民族特有的一种乐器，用以代指南方的一种音乐，后来便引申指南方，成为一个方位名词。

古代以坐北朝南为尊位，故天子见诸侯、群臣，皆南面而坐。后来"南面"就泛指帝王的统治。如"南面之尊"就是天子之位；"南面称孤"是自立为王的意思。《论语》中有"子曰：'雍也可使南面。'"意思是：冉雍这个人，可以让他当领导人。

"南"和"北"并用的成语不少，如"南腔北调"指人的语音不纯，夹杂南北方言。"南辕北辙"指欲南行而车向北，比喻行动与目的相反，后人以南辕北辙比喻背道而驰。"南橘北枳"，指橘子本来产于淮河以南，如果在淮北生长，结的果实又小又酸，就叫枳，比喻事物会因环境条件的不同而产生变异。

"南"字还有另外一个读音是"nā"，如"南无"，读音为"nā mó"，是佛教用语，梵语 namas 音译，表示对佛尊敬或皈依，常用在佛、菩萨或经典名之前：如"南无阿弥陀佛"，"南无阿弥陀佛"系佛教术语，意思是"向阿弥陀佛归命"。诵读此语即谓"念佛"。

第七章　汉字里的动物与植物

鸟中之王——"凤"字趣说

魏晋南北朝时，著名文学家嵇康有一个好朋友叫吕安，有一次，吕安跋山涉水来拜访嵇康，恰好嵇康出门在外，并且还得四五天才能回来。

因此，吕安打算不等嵇康回来，立即回家。此时，嵇康的哥哥嵇喜再三挽留吕安，可他还是要走。临走时，吕安在嵇喜的门上挥笔写了一个"鳳"（凤的繁体字）字。嵇喜看到这个"鳳"字，认为客人在恭维自己为"鸟中之王"，因而非常高兴。后来，嵇喜将此事告诉自己的一位朋友，那位朋友告诉嵇喜说："鳳，从鸟，凡声。客人在讥讽你是一只凡鸟，其意是不屑与你交谈，因此就走了。"经朋友这么一说，嵇喜才恍然大悟。

"凤"是古代传说中的一种神鸟。"凤"的繁体作"鳳"，由"凡"字加上"鸟"字构成，从鸟，凡声。"凤"是人们杂糅了许多动物特点，想象出来的一种禽鸟。古人认为有"凤"出现时，是天下安宁的吉兆，将"凤"塑造成一种瑞鸟。由"凤"与"龙"这两种动物构成的"龙凤"文化，是中

传说中的凤凰

国传统文化中极为重要的一项内容。古人还认为雄凤叫"凤"，雌凤叫"凰"，相传司马相如曾演奏乐曲《凤求凰》，以此俘获卓文君的芳心。

山中之王——"虎"字趣说

老虎,威风凛凛,勇猛无比,是备受人们喜欢的动物,《风俗通义·祀典》:"虎者阳物,百兽之长,能执搏挫锐,噬食鬼魅。"

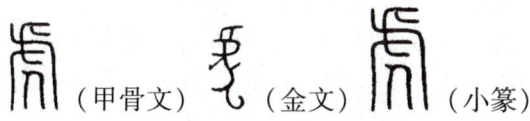

(甲骨文)　(金文)　(小篆)

《说文解字·虎部》:"虎,山兽之君。从虍(hǔ),虎足像人足,象形。"如图所示,甲骨文"虎"字像一只侧面虎的形状,活现了虎的一副凶猛无比的样子,是象形字。"虎"字的读音是根据老虎能发出令人恐怖的吼声而拟定的,"虎"为拟声词。

古人多用虎象征威武勇猛,如"虎将",喻指英勇善战的将军;"虎子",喻指雄健而奋发有为的儿子;"虎步",指威武雄壮的步伐;"虎踞",形容威猛豪迈;"伴君如伴虎"则形容陪伴君王像陪伴老虎一样,随时有杀身之祸,指大人物喜怒无常。

虎在古代被人视作神兽,有镇邪驱鬼、保佑平安的作用。民间常将它用于小儿的"虎头帽""虎头鞋""虎枕"以及其他虎形的玩具上。陕西还有送布老虎的育儿风俗。小孩满月时,舅舅要送去黄布做的老虎一只,进大门时,将虎尾折断一节扔到门外。送布老虎是祝愿孩子长大后像老虎那样有力;折断虎尾,则是希望孩子在成长过程中免灾免难。山西各地则流行送老虎枕头的育儿风俗。每逢小孩过生日,当舅舅的要送外甥一只或一对老虎枕头,既可当枕头,又可当玩具,还表示祝福。

古代还有一种用来调兵遣将的信物,称"虎符"。此物盛行于战国、秦、汉时期,用铜铸成虎形,背有铭文,分为两半,右半存朝廷,左半则授予率兵的将帅。调动军队时,必须持符验证。

四灵之首——"龙"字趣说

龙是中国神话中一种善变化、能兴云雨、利万物的神奇动物,传说龙能隐能显,春风时登天,秋风时潜渊。又能兴云致雨,为众鳞虫之长,四灵(龙、凤、麒麟、龟)之首。关于龙的起源,在经历了长期的研究和考证后，人们认为：龙是多种动物的综合体，是原始社会形成的一种图腾崇拜的标志。而"龙"字是受当时民间流传的关于"龙"的传说，或者是当时流传的"龙"的图腾的启发而创造出来的。

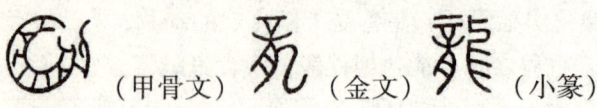
（甲骨文）　　（金文）　　（小篆）

如图所示，甲骨文"龙"字描绘的形象有头有角，口大张，还有弯弯曲曲的身子。这跟人们传说中"龙"的形象是一致的，所以甲骨文的"龙"明显为象形字。

我国远古时各部落多以蛇、羊、虎等动物为图腾崇拜物。龙是由许多不同的动物图腾糅合而成的一种综合体，因此许多动物的特点都集中在龙身上：骆头、蛇脖、鹿角、龟眼、鱼鳞、虎掌、鹰爪、牛耳，等等。这种复合结构，意味着龙是万兽之首，万能之神。这种虚拟的动物是中华民族祖先共同供奉的图腾。

龙的模糊集合过程的起点在新石器时代，经过商、周至战国时期的长足发展，到秦汉时便基本成形了。这个"基本"有两个意思，一是说构成龙的框架、要素、样式，秦汉时都基本具备了；二

传说中的龙

是说龙是一个开放的、不断纳新的系统，它并不满足秦汉时的基本成形，之后的历朝历代，直到现在，还在不断地加减、变衍和发展。

龙是一种内涵丰富的文化符号，是中华民族的一个象征，它是中国人精神上的领袖。历代以"龙"作为帝王的象征，皇帝被称为"真龙天子"，凡是与皇帝有关的事物都要冠以"龙"字。如"龙颜"，指皇帝的颜面；"龙袍"，指皇帝穿的绣有龙形图案的袍子；"龙床"，指皇帝的卧具，等等。另外，龙在中国古代也作为吉祥的象征。

巨螯屈尾的蝎子——"万"字趣说

"万"字是个常用字,用作数词,十百为千,十千为万。我们现在经常用的是"万"字的简化字,"万"字的繁体字写作"萬",令人意想不到的是,这个"萬"在古文字的形象,居然是一只蝎子。

（甲骨文）　（金文）　（小篆）

如图所示,甲骨文的"万"字,像一个巨螯屈尾的蝎子形状,其本义是指蝎子。有学者指出,因为蝎子这种动物繁殖能力惊人,转眼间便会有成千上万个子孙,先民便以这种动物假借为数字中的"万"字。

《老子》将中国人的宇宙观概括为："一生二,二生三,三生万物。"在汉语的日常用语中,常用"万"来作为上限数,表示极大或极多。如皇帝称"万岁",又如汉语中的"万事如意""万事俱备,只欠东风"等,其中的"万"都是极大的概数。"万"字还引申为极其、非常、绝对等义,如万全、万一、万一失等。

关于"万"字有这样一个笑话：从前有个土财主,虽然家境富有,但世世代代目不识丁。有一年,土财主聘请了一位塾师教导他的儿子。塾师先教这个孩子描红,写一画就教他说"一",写两画就说"二",写三画就说"三"。那孩子学会这三个字以后,便把笔杆一甩,高高兴兴地跑去向父亲报喜："儿子学会了!儿子学会了!再不用麻烦先生了。"财主喜不自禁,马上辞退了塾师。

过了不久,财主打算请一位姓万的亲戚前来做客,早晨就叫儿子写请帖,时过晌午,请帖还没完成,父亲急忙催促,儿子埋怨说："天下人的姓多得很,为什么偏要姓万？我从早晨写到现在,才写完五百画呢!"

飞行冠军——"鸟"字趣说

《说文解字》云："鸟,长尾禽总名也。"鸟是一种长尾禽,也是所有飞禽的总称。从古至今,人们都向往着像鸟一样振翅飞翔,古人对鸟的观察也是细致入微的,这从"鸟"字的造型可以看出。

（甲骨文）　　（金文）　　（小篆）

如图所示，甲骨文、金文的"鸟"字，正像一只头、尾、足、羽俱全的侧面鸟形，生动形象。"鸟"为象形字。"鸟"可作偏旁，在汉字中，凡以鸟为偏旁的字大都与禽类及其行为有关，如鸡、莺、鸭、鹅、鸣等。

人们常把鸟儿称作"飞行冠军"，鸟儿为什么会飞呢？人们注意到，鸟儿有翅膀，这是它们飞行的首要条件。不同的鸟儿翅膀是不一样的，科学家们认为，鸟类翅膀的复杂性不亚于鸟类整体机体的复杂性，翅膀的差异就会造成鸟儿飞行水平的不同。鸟类的身体外面是轻而温暖的羽毛，羽不仅具有保暖作用，而且使鸟类外形呈流线型，在空气中运动时受到的阻力最小，有利于飞翔。鸟类特殊的骨骼也是它们能飞行的条件。据科学发现，鸟骨是优良的"轻质材料"，中空、质软，这样，翅膀极易带动起来，从而使鸟能够轻松地飞翔于高空。同时，鸟儿体内还有很多气囊，它们与肺相连，能够减轻鸟的自重，增加空气浮力，从而使鸟能够更好地在空中飞翔。

偷吃西瓜的猹——"猹"字趣说

早在20世纪30年代，苏联有位翻译家，准备将鲁迅的《故乡》译成俄文，不料出现了困难。原文中有一段写着：

"有一个十一二岁的少年，项带银圈，手捏一柄钢叉，向一匹猹尽力的刺去，那猹却将身一扭，反从他的胯下逃走了。"

这个"猹"是一种什么动物呢？他查阅了不少有关动物学的书籍，终无着落。对于猹，不仅外国人陌生，我国也有许多人不知道，连怪字最多的《康熙字典》上也没有。

天无绝人之路，幸好当时鲁迅先生还健在。苏联翻译家辗转问鲁迅，不久便得到了答复。这个猹字，原来是鲁迅先生创造的，因而过去的字典上查不到；猹与渣音相同，大概是"獾"一类的动物。

后来有人向小说中闰土原型人物的孙子进行调查，证明猹确实是一种獾猪。因为猹喜爱吃瓜，为预防它侵犯瓜田，所以农民必须守夜看瓜，方可确保丰收。猹似獾，又非獾，往日字典皆无记载，为适应需要，解决有物无名的矛盾，于是鲁迅依"形声法"创造了"猹"字，并得到了社会的认可，被正式收入了字典。

万户的火箭——"飞"字趣说

自古以来，人们都有一个翱翔于蓝天的梦想，"飞"字因其给人的美好遐想而成为一个美好的字眼，其实，看古人给"飞"字的造型，也是充满了美感。

（小篆）

关于"飞"字，《说文解字》云："飞，鸟翥也，像张翼之形。"如图所示，小篆的"飞"字由三根羽毛构成。《说文解字》认为上边的羽毛代表鸟头颈上的羽毛，下边两根羽毛代表两只翅膀。也有学者认为，三根羽毛各代表一只翅膀，三只翅膀代表众多的鸟，是群鸟向上飞的样子。总之，"飞"的本义是飞翔，如鸟飞鱼跃。引申义有飞扬、飞行、快速、极限、意外的、高扬等义，如飞沙走石、飞机、飞跑、飞快、飞祸、飞檐等。

自古以来，人类就利用各种途径试图飞上蓝天，这其中最著名的人物是明代的万户，他是人类有文字记载以来第一个尝试用火箭飞天的人。据记载：约14世纪晚期，一名叫万户的官吏，他在一把坐椅的背后，装上47枚当时可能买到的最大火箭。他把自己捆绑在椅子上面，两只手各拿一个大风筝。然后叫他的仆人同时点燃47枚火箭，想借火箭向前推进的力量，加上风筝上升的力量飞向前方。不幸的是，火箭发生爆炸，万户为此献出了生命。20世纪70年代的一次国际天文联合会上，将月球上的一座环形山命名为"万户"，以纪念"第一个试图利用火箭飞行的人"。

易如反掌——"毛"字趣说

关于"毛"字，《说文解字》云："毛，眉发之属及兽毛也，象形。""毛"字为象形字，如图所示，甲骨文和金文中的"毛"字像鸟的一根羽毛，小篆像人的头发或兽毛。

（甲骨文）　　（金文）　　（小篆）

"毛"字本义指人或动物的毛发。引申义有表面、细小、未经加工的、粗糙的等，如皮毛、毛孩子、毛糙、毛坯等。植物皮上的丝状物也称毛，如毛栗子。又形容慌乱，如毛手毛脚。从"毛"之字大都与毛发有关，如毡、毫、毯等。

关于"毛"字有这样一则故事：国共重庆谈判期间，毛泽东的一首《沁园春·雪》，以其大气磅礴的笔触、宏伟壮观的意境，在山城重庆的文艺界引起轰动。当时文艺界的名流，借谈判的空隙，邀请毛泽东做了一次演讲。演讲结束后，有人问道："假如这次谈判失败，国共全面开战，毛先生有没有信心战胜蒋先生？"

毛泽东认真地说："国共两党的矛盾，是代表两种不同利益的矛盾。至于我和蒋先生嘛……"他故意拖了拖腔，又接着说，"蒋先生的'蒋'字，是将军的'将'字头上加一棵草，他不过是一个草头将军而已。"说着，便情不自禁地笑了。

"那毛——"

不待有人问完，毛泽东就接上去说："我的毛字，可不是毛手毛脚的'毛'字，而是一个反'手'。"意思就是：代表大多数中国人民根本利益的共产党，要战胜代表少数人利益的国民党——易如反掌。

任劳任怨的牛——"牛"字趣说

牛是人类最早驯养的家畜之一，养牛在我国具有悠久的历史。由于牛力大而温顺，古人常用牛来耕地或载物，牛和人类的关系非常密切。

（甲骨文） 　　（金文） 　　（小篆）

"牛"是象形字，如图所示，"牛"字甲骨文描绘的是牛头的正面形象，上部两侧向上弯的是牛角，下部两侧向上斜的是牛耳，中间的一竖是牛面的线条化。金文将牛耳拉平，小篆以后逐步楷化。"牛"字的本义为用于耕种的反刍家畜。

牛"吃的是草，挤出来的是奶"，"牛"为人类终年辛勤耕地、拉车，任劳任怨，因此古人常用牛来比喻任劳任怨的奉献精神。司马迁《报任少卿书》："牛马走司马迁。"牛马走就是像牛马那样跑或与牛马一起跑，是仆人的意思，这是司马迁的谦辞。

我国历史上还有"孺子牛"的典故。春秋时，齐景公特别宠爱自己的小儿子荼。一天，荼要当一个放牛娃玩牵牛。景公怕年幼的儿子牵真牛出事，便自己伏在地上，装成一头牛，口里还衔着绳子，让儿子牵着，服服帖帖地在地上爬来爬去。一次，齐景公的儿子摔倒了，齐景公就被扯掉了两颗门牙。这个故事后来成为人们赞誉的美德。鲁迅的"横眉冷对千夫指，俯首甘为孺子牛"的名句使"孺子牛"的精神得到升华和拓展，人们常用"孺子牛"来比喻心甘情愿为人民大众服务，无私奉献的人。

牛脾性固执、倔强，后人还由此派生出牛性、牛脾气等引申义。此外，牛还有多、大的意思，例如用牛毛比喻多，用牛饮比喻狂饮等。

牛字除了本身可以独立使用外，还可以作偏旁，汉字中凡从牛之字都与牛、牛属动物及其动作行为有关，如作牡、牟、牧、犀、犁、犊等。

有灵性的马——"马"字趣说

马在古代曾是农业生产、交通运输和军事等活动的主要动力。中国是最早开始驯化马匹的国家之一，从黄河下游的山东以及江苏等地的大汶口文化时期及仰韶文化时期遗址的遗物中，都证明距今6000年左右时几个野马变种已被驯化为家畜。

（甲骨文）　（金文）　（小篆）

如图所示，甲骨文和金文的"马"字都是马的侧视形，甲骨文突出一只大眼睛，金文突出眼睛和马鬃，小篆比较规范地描绘马鬃、马腿和马尾。甲骨文中"马"字的出现，说明公元前15世纪至公元前11世纪的殷商时代，我们的先民已有畜养马来应用于战争、农耕的习俗。

"马"是个象形字，《说文解字》云："怒也，武也，像马头髦尾四足之形。"汉字中凡从"马"的字大多与马、马属动物及其动作、功能有关，如驰、驹、骆、腾、骄、驴等。

马是一种很富灵性的动物，相传，春秋时，山戎国正侵犯燕国，管仲跟随齐桓公率兵支援燕国,打败了山戎国,山戎王逃往孤竹国。齐桓公紧追不舍,又向孤竹国进军。于是齐兵继续进兵,攻打孤竹国。去时正是春暖花开的季节,等到孤竹国被打败时,已经春去冬来了,沿途景物大不一样,来时道路的痕迹,一点都找不到了。齐国军队迷路了,被围困在山里,齐桓公焦急万分。这时候,大臣管仲想了个办法,他让士兵牵出几匹老马在前面带路,大军紧紧地跟在后面,就这样回到了齐国。成语"老马识途"就是从这个故事来的,意思是老马认识道路,现在一般用它来比喻有经验的人熟悉情况、了解规律。

吉祥的"羊"——"羊"字趣说

羊是一种家畜,自古以来称为六畜之一,早在母系氏族公社时期,生活在我国北方草原地区的原始居民,就已开始选择水草丰茂的沿河、沿湖地带牧羊狩猎。

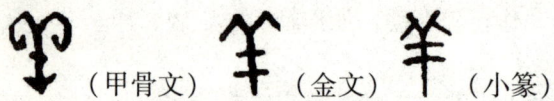

(甲骨文)　　(金文)　　(小篆)

羊字是一个象形字,如图所示,甲骨文和金文的羊字,是简化了的羊头形象,而羊头形象又特别突出了弯卷的羊角,中间一竖是羊脸的线条化。这种以局部替代整体的造型方法,是汉字象形的主要方式之一。

在古代社会,羊在生活中占着重要的位置,祭祀和日常生活都跟羊有密切关系。一个人、一个部族获得的羊越多,就越富有。在上古许多器物上,常常可以见到"吉羊"一词,"吉羊"就是"好羊""善羊"的意思,即羊长得又肥又壮。"吉羊"后作"吉祥","羊"、"祥"通假。西汉大儒董仲舒有云:"羊,祥也,故吉礼用之。"

羊被认为是吉祥、美好之物,我国的广州还有一个美称叫"羊城",这个美称源于一个美好的传说:周夷王时,五个仙人骑着口衔六串谷穗的五只羊降临楚庭(广州古名),将谷穗赠给人们,祝这里永无饥荒。仙人言毕隐去,羊化为石。如今,广州市越秀山公园有五羊册,其上矗立着一座高11米的五新星石雕,成为闻名海内外的城标雕塑。

羊的本义就是家畜的羊,由于羊性情温顺,被认为是美好之物,故汉字中以羊为偏旁的字均带有美好的意思。如美、善、鲜、羞(原为美味的意思)、羡等。

鱼传尺素——"鱼"字趣说

鱼是一种水生的脊椎动物,有鳞有鳍,用鳃呼吸。从食野果、衣树皮的原始社会,到如今文明富裕的现代社会,"鱼"这种动物相伴人类走过了五千多年的历程,与人类结下了不解之缘。

（甲骨文）　　（金文）　　（小篆）

如图所示,甲骨文、金文、小篆的"鱼"字均是一条鱼的形状,《说文解字》云:"鱼,水虫也,象形,鱼尾与燕尾相似。"其本义即指鱼类。"鱼"字可作偏旁,汉字中凡从鱼之字皆与鱼类有关,如鲤、鲨、鲜等。

从古至今,鱼和人的关系密切,形成了独特的鱼文化。古时候,"鱼"的形象和代表"鱼"的符号常常作为纹饰图案出现在陶器上,例如西安半坡仰韶文化遗址出土的彩陶上就刻着人面鱼纹的图案。作为"年年有余"的预兆与吉祥物,鱼不仅是宴会上的首选菜,也是亲朋好友之间馈赠的吉祥礼物。

有人认为古人多通过赠送鲤鱼来寄赠书信,因此有所谓"鱼腹藏书""鱼传尺素"之说。例如汉代的蔡邕写过这样一首诗:"客从远方来,遗我双鲤鱼。呼儿烹鲤鱼,中有尺素书。"有的学者对"鱼传尺素"有不同的说法,他们认为古人的"鱼书"并不是真的将信函装在鱼的肚子里,而是把信函折叠成两条鲤鱼的样子,以此代替信封,并且便于传送。或者说是把装书信的木函(即木匣子)的底和盖刻成鲤鱼形的上下两块,然后把书信夹在里面传送。

本末倒置——"木""本""末"三字趣说

指事字有两类:一类是纯符号性的指事字,另一类是在象形字的基础上加一指事符号所构成的指事字。"本"和"末"就是在象形字"木"的基础上加一指事符号而成的指事字。

（甲骨文）　　（金文）　　（小篆）

如图所示,"木"是一个象形字,甲骨文和金文的"木"字字形均像一棵小树的形状,上有枝,下有根,中间是树干。所以,木的本义指的是树,是木本植物的通称;现在多用于指木材、木料或某些木制的器物,如木马、木工、木屐、木偶等。在汉字中,凡以木为偏旁的字,大都与树木有关,如本、末、析、果等。

"本"字是在象形字"木"的基础上,将指事符号一小点或一横加其下作为指事符号,以指明树根的位置所在。《说文解字·木部》:"本,木下曰本,从木,一在其下。""本"的本义指树木的根或茎干。从"本"字的形体看,是在木的根部加上圆点或一短横,以指明树根的位置所在,由此引申出根本、基础、本体、主体等意义。

"末"字是在象形字"木"的基础上,将指事符号一小点或一横加其上而成。《说文解字·木部》:"末,木上曰末,从木,一在其上。""末"由树梢引申为不重要的、次要的事物,如成语"舍本逐末"和"本末倒置"。可见"本"与"末"在本义上分别指树的最上部分和最下部分,其引申义正好相反。

"来"源于麦——"来"字趣说

麦子(主要指小麦)是现今世界上最重要的粮食作物,有1/3以上人口以麦子为主要食粮。在各种农作物中,麦子栽培面积和总产量均居世界第一位。大约5000多年以前,我国就开始种植麦子,可是,有谁知道,"来"本是"麦子"的"麦"。

(甲骨文)　　(金文)　　(小篆)

如图所示,甲骨文的"来"字,像一株根叶秆穗俱全的麦苗形,它的本义是指小麦。《说文解字》云:"来,周所受瑞麦来麰(大麦)。一来二缝,像芒束之形。天所来也,故为行来之来。"说明大麦小麦盛产于周地,是上天所赐,又指到来的来,引申义有时间的经过、将要、产生、大约等。此字后来多借用为来往之来,是由彼至此、由远及近的意思,与"去"相对。而来的本义,则为后起的"麦"字所代替。

另外,"来"又用作姓氏,"来"姓是以"国"得名。据《史记·殷本纪》载:"契为子姓,其后分封,以国为姓。有殷氏、来氏、宋氏、空桐氏、稚氏、目夷氏。"有人猜测，"来地"在古代很可能是以种植小麦而闻名，因此而得国名。

服章之美谓之华——"华""花"二字趣说

大约在5000年前，当中华民族开始形成时，其族称为"华"。汉朝以后，开始出现"中华"的族称。至19世纪末，作为近代民族学术语的"民族"概念传入中国后，"中华民族"这个民族学词汇也应运而生。虽然"华""中华""中华民族"这些族称之间小有差异，但其内涵却是一致的，即指定居于中国领土上的所有民族。那么，这个"华"字如何解释呢？

（甲骨文） 　（金文） 　（小篆）

如图所示，甲骨文的"华"字，像是株繁花盛开的草木。金文的"华"字比起甲骨文来，形体已大变了。小篆的"华"字，已完全讹变，并且加了"艹"头。此后，便发展成为隶书、楷书的形体。"华"字的本义，便是"开花"，其后才引申出"繁盛、光彩、精华、有文采、头发花白、华年（青春时代）、美丽、富贵"等意思。

"华"是"花"的本字，那么，"花"字又是怎么来的呢？

汉字发展的过程，就是不断简化的过程。"华"的繁体字有十二画，而应用又多，因此到了汉魏以后，人们便把花草的"华"简化为"花"，以"化"表音，以"艹"表意，变成形声字了。而"中华、华夏"以及用于表示"光彩、文采、繁盛、精华、花白、青春"等义时，依然用"华"字。

"华"作为中国的简称，历史悠久。对华的解释，一种说法是古代中原地区的人们，自认为自己居住在衣冠整齐而华丽的文明地区，所以自称作华。《左传疏》载："中国……有服章之美，谓之华。"另一种说法是："华"含有赤色之意，周朝人喜欢红色，把红色看做吉祥的象征，所以就自称作华。还有一种说法，华是由我国古称华夏简化而来。

古粟今稻——"禾"字趣说

原始农业是直接从采集业演化发展而来的，在距今13000～12000年左右的原始社会，人们把采集来的野生植物果实用石刀或石锄播种在事先用火烧掉树木荆棘的土地上，到成熟后再来收获。这种耕作方式被称为"刀耕火种"。

我国是世界上最早种植粟和水稻的国家之一，北方以粟为主，南方以稻为主，呈现出"南稻北粟"的特点。古人正是在对粟和水稻深入观察的基础上造出了"禾"字。

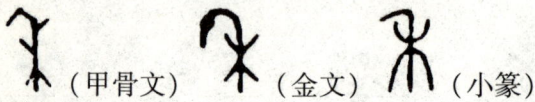

（甲骨文）　（金文）　（小篆）

如图所示，甲骨文和金文的"禾"字字形是成熟谷子的象形，"禾"字的本义是成熟的谷子，引申义泛指谷类作物，特指谷类作物的幼苗和水稻的植株。

禾是谷类植物的总称，但在秦汉以前，禾多指粟，即今小米，后世则多称稻为禾。在汉字中，凡以禾为义符的字，都与农作物或农业活动有关，如秉、秋、秀、种、租等。

人参果——"果"字趣说

春华秋实，金秋时节，瓜果飘香，累累硕果坠在枝头，惹人喜爱，古人正是基于这种自然现象创造了"果"字。

（甲骨文）　（金文）　（小篆）

《说文解字》云："果，木实也，从木，象果形在木之上。"如图所示，"果"是一个象形字。甲骨文的"果"字，像一棵树上结满果实的样子；金文"果"字的果实减少为一个，但果形更大更突出；小篆"果"字象形意义渐弱，已经与今天的"果"字很相像了。"果"字本义是指树木所结之实，引申义有结局、事情的发展与预料的一样、坚决等，如结果、果然、果敢；又有充实、饱满以及决断等义，例如"因果""果断"

"果腹"等。

关于"果"字,《西游记》第二十四回记载了一个"人参果"的传说:在万寿山五庄观有棵灵根,唤名草还丹,又名人参果。该树三千年一开花,三千年一结果,再三千年才得以成熟。人若有缘,闻一闻能活三百六十岁,吃一个能活四万七千年。其实,现实生活中,也有一种被称为"人参果"的果实,这就是原产于南美洲安第斯山脉北麓的一种植物果实,其原名"茄瓜",现我国各地通称为"人参果"。人参果具有低糖、高蛋白和富含多种维生素、氨基酸以及微量元素的特点,具有一定的营养保健和祛病益寿的作用。

瓜熟蒂落——"瓜"字趣说

"瓜"是一种蔓生的葫芦科植物,果实可以吃,种类很多,如西瓜、南瓜、冬瓜、黄瓜、甜瓜等。品种繁多的瓜,形态也自然不同,古人是如何为"瓜"字造字的呢?

瓜(金文) 瓜(小篆)

如图所示,金文"瓜"字,像藤蔓分叉处悬结一瓜的形状,是象形字。只用一个事物来描写众多事物,这是古代造字者造字时常用的一种方法。古人正是抓住了所有"瓜"都会有的特征,来造"瓜"字的。"瓜"的本义就是"长在藤蔓上的果实"。

人们吃瓜时,常用刀顺着瓜纹切开吃,因此用"瓜分"比喻分割或分配。"瓜分"后又指若干强国联合起来分割弱小或经济不发达国家的土地。

春秋时期,齐襄公叫连称和管至父两个人去守卫葵丘,去的时候正是瓜熟的季节,齐襄公就对他们说:"瓜时而往,及瓜而代。"意思是等到明年瓜熟时候就派人来接替。后来就把任期已满由他人接替叫做"瓜代",而官员任职期满由别人来接任的日期叫"瓜期"。

瓜和葛都是蔓生的植物,人们常用"瓜葛"比喻辗转相连的亲戚关系或社会关系,也泛指两件事情互相牵连的关系。

瓜熟了,瓜蒂自然脱落。"瓜熟蒂落"常比喻客观条件具备后行事,成功的机会就大,中国有句老话:瓜熟蒂落,水到渠成。意思是:我们要根据具体的条件和事物的规律办事，才能自然地而不是勉强地达到我们的目的。

古乐府《君子行》："君子防未然，不处嫌疑间，瓜田不纳履，李下不整冠。"这是"瓜田李下"这个成语的来源，比喻容易使人误解的地方。

关于"瓜"字还有一个词叫"瓜润"，据汉贾谊《新书·退让》载：梁大夫宋就为边县令，与楚邻界。梁楚边界皆种瓜，梁人勤灌溉，其瓜美；楚人稀浇灌，其瓜恶。楚人恶梁瓜优于己，夜往骚之。梁人觉，思报复，宋就勿许，反使人夜往灌润楚瓜，楚瓜亦美。事觉，楚令大悦，闻之于楚王，梁楚以此交好。故后以"瓜润"喻以德报怨，消除仇隙。

"不"的原意——"不"字趣说

"不"字是一个表示否定之意的虚词，作"非"或"不是"讲，是生活中我们最常用的汉字之一。"不"字是怎么来的，"不"字原意是什么？

（甲骨文）  （金文）  （小篆）

如图所示，"不"字像个花萼的形状，上部是花萼（即花的子房），下部中的一竖是花梗（花蒂），花梗左右两道下垂的曲线是两片叶子般的花托，"不"的本义就是花萼。古人称木制的形状像花蒂的茶具为"杯"，"杯"中的"不"既表示这个字的读音，又表示杯的形状像花蒂。后来，"不"字多用作虚词，古人便另造了一个"萼"字来表示"不"的原意。

在上述解释不甚令人满意的情况下，有的学者对"不"字作了大胆的想象，他们认为"不"表示的不是一种具体事物，而是一种抽象的意义。三条来自不同方向的线条汇集到一起，后被"一"阻碍了去路，不能继续前进，因而"不"的本义就是表示否定的意思。

有人根据不的字形编了一个谜语：不得不露头（打一字）

谜底：杯

解析："不"字露头为"木"字，"不"字得到一个露了头的"不"字，即"不"字与"木"字结合，为"杯"字。

芝兰生幽谷——"兰"字趣说

兰花为我国传统名花,栽培历史悠久。自古以来人们把兰花视为高洁、典雅、爱国和坚贞不屈的象征,形成有浓郁中华民族特色的兰文化。早在两千四百年前的春秋时期,孔子就说:"芝兰生幽谷,不以无人而不芳,君子修道立德,不为穷困而改节。"可见兰花在历史文化上所占的地位。

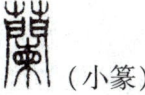(小篆)

"兰"字最早见于小篆,如图所示,"兰"字从艹,阑声,为形声字。隶变后楷书写作蘭,如今简作兰。

"兰"字的本义为兰草。兰花是美好的象征,"兰"字在古代汉语中有一个特殊用法,常作为文人雅士及士大夫之间的一种雅称,亦曰美称。如"兰房",指文人雅士们的住房;"兰友""兰交",是指文人雅士结交的朋友;"兰言",既指心意相合之言,又指文人雅士的话语或书信等。

兰,如今既可单用,也可作偏旁,凡从兰(蘭)取义的字皆与草木等义有关。以兰(蘭)作声符的字有:拦、栏、烂。

自古以来,兰花深得人们的厚爱,有人更把兰花放在"岁寒三友"的松、竹、梅之上,说:"岁称三友,竹有节而无花,梅有花而无叶,松有叶而无香,唯兰独并有之。"历史上关于兰花的典故也有很多,例如南宋画家郑思肖擅长画兰,他笔下的兰花常常是花叶零落、无土无根的形象,有人建议他把兰花的根画上会更加好看一些。哪知,郑思肖听了以后竟悲愤满腔,长叹道:"土地都被外人夺去了,叫我的兰花长在何处啊!"原来,他画"无根兰",是借以抒发爱国情怀与亡国之痛。

"嘉庆子"——"李"字趣说

李又名李子、山李子、玉皇李,古名嘉庆子。据唐代韦述《两京记》载:"京都嘉庆坊有李树,其实甘鲜,为京都之美,故称嘉庆李。今人但言嘉庆子,盖称谓既熟,不加李亦可记也。"我国江南一带,至今有的仍称李为"嘉庆子"。

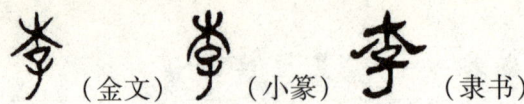
（金文）　（小篆）　（隶书）

"李"是个会意字，由木和子组成，既指这种树木，也指这种树木的果实，现在通称李子。

"李"在中国传统文化中具有丰富的文化内涵。"李"字在前人看来是由"十""八"加上"子"构成，简称"十八子"，加之人们认为"李"是一种结子的树，李树结实时，确实可以看到树枝上累累的赤色果子，因此，人们常用它作为子孙满堂、兴旺发达的象征。

"李"又为姓氏，在百家姓中是一个大姓。从史书上看，李姓起源和李树的果实有关。相传，商朝末年，商纣王暴虐无道，有一位名叫理征的人，出于好心，直率地劝商纣王改变贪恋酒色、不务国政的恶习，结果激怒了商纣王而被杀。理征的妻子契和氏听到消息后，携带年幼的儿子利贞连夜逃跑。当逃到河南西部的伊侯之墟，母子二人饥饿难忍，幸好契和氏发现附近的野树上结满了叫木子的果实，也就是今天所说的李子，母子二人靠吃李子保全了性命。为了感激李子的救命之恩，就把王字旁的理字改为木子组合的李字了，这就是李姓的起源。

何可一日无此君——"竹"字趣说

《红楼梦》中贾宝玉曾经吟过一首描写竹子的诗，其中两句是："竿竿清欲滴，个个绿生凉。"

后人修订时曾将"个个"改成"枝枝"，有人对此提出异议，认为"个个"多么像青翠欲滴的竹叶，为什么要改呢？

（金文）　（小篆）

竹子，是一种多年生的禾本科木质常绿植物。关于"竹"字，古人在造字时，也是抓住了竹叶的特征来造字。如图所示，金文和小篆的"竹"字，都非常像两枝下垂的竹叶，以此代表竹子。"竹"字是个象形字。

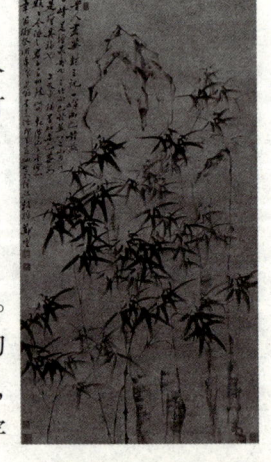

郑板桥画的竹子

竹子亭亭玉立，婆娑有致，清雅秀洁，加之它具有"值霜雪而不凋，历四时而常茂"（《花镜》）的特点，因此备受历代文人的青睐。人们将"竹"与"梅""兰""菊"合称为四君子。据《世说新语》载：晋朝大书法家王羲之的儿子王徽之，受父亲的影响，书法上颇有造诣，他还有一个特别的爱好，就是喜欢竹子。除了在自己的屋舍书斋旁种上竹子外，还常常以"竹"为题吟诗作画。一次，王徽之临时寄居在一间空屋里，便令身边的人在屋旁种上一些竹子。有人对他说："你在这儿住不了几天，何必要种上竹子呢？"王徽之指着屋旁的竹子说："何可一日无此君！"

由于"竹子"能做箫、笛之类的乐器，由此引申为"乐器"的意思。古代还未使用纸张之前，多以竹简和绢帛为书写材料，后人还曾用"竹"指书册、史籍。

第八章　汉字里的文化图景

截竹为简——"册"字趣说

据《论衡·量知》记载，古人"截竹为简，破以为牒"，"牒"是指小而薄的竹片。古人做这些竹片做什么呢？原来，在纸还没有发明以前，我们的祖先是在龟甲、器皿、木片、竹片等物体上面刻字记事的。用来写字的竹片叫做"竹简"。一般情况下，一条竹简只能从上到下写一列字，写一篇文章要用很多条竹简。文章写完以后，通过"简"上的小缺口，按顺序用绳子或牛皮条把它们串编在一起，这就成了"册"。

（甲骨文）　　（金文）　　（小篆）

如图所示，金文、小篆的"册"字字形与甲骨文相似，像是用绳子串编起来的竹简的样子，"册"的本义就是书简。《说文解字·册部》："册，符命也，诸侯进受于王也，其札一长一短，中有二编。"许慎对"册"的结构分析完全正确。不过他将"册"讲成"符命"，应是"册"的引申义。古代王者封赏诸侯之时，先把命辞写在简上，编成"册"的形式，以册书、册命的形式颁布册立、封赠、任命等事宜，在被封赠者面前宣读，然后连同印玺等物一起交与受封者。由于符命与"册"相似，因而也称"册"，这种仪式或制度也叫册封。

由于竹子有这种特殊功用——制简书史，编而为册，所以用它记载的历史就称青史或汗青。"杀青"一词也与竹简有关。古时候，人们在竹简上写字，但是竹简表面是油质的，不容易刻字，而且容易被虫蛀，于是在使用前就先把竹简放到火上烤，使青皮油面的油焦化，然

竹简

后刮去,这道工序就叫"杀青"。后来人们用毛笔在竹青上写字,就免了刀刻这道工序,所以定稿的时候只需要削掉竹青,在竹白上写字就行了,这一道手续也叫"杀青"。杀青就意味着定稿,现在人们也常用杀青指一部电影拍摄完成。

明白了"册"的由来,对于罄竹难书、功垂竹帛之类的成语,也就很容易理解了。古人写错字的时候,先用刀把竹简上的错字刮掉或者削去,然后重写。"删"字是在"册"边加"刀",记录的正是这种修改的方法,"删"字最初表示的就是删除、去掉的意思。"册"作为记录人类文明的载体,理所当然会受到先民的重视。把册捧起来,供到桌子上,这就是"典"字的由来,"典"的本义是重要的文献书籍。

人类进步的阶梯——"书"字趣说

上古时代,有了语言,人类往往借助于记忆力,把听到的话,牢牢记住,再对别人复述出来;或将心中的理想、个人的经验,借语言加以传播。有了文字之后,人们便开始尝试将以前靠语言保留、传播的东西写下来。"书"字的造型就反映了这种人类生活图景。

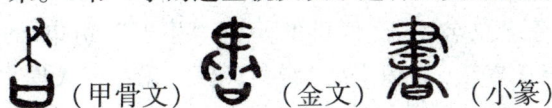

（甲骨文） （金文） （小篆）

《说文解字》云:"书,箸也。从聿者声。"如图所示,甲骨文的"书"字的意义非常鲜明:口在说话,就拿笔来记录。"书"字本义是写,此后"书"字字形变化很大,意义越来越隐晦,简化字"书"是草书的楷化。

"书"字的引申义有书籍、文件、信件、字体、书法等,如图书、证书、书信、楷书、琴棋书画。

高尔基说过:书是人类进步的阶梯。图书,顾名思义,即有图之书,书中有插图,这在古代早已有之。清人叶德辉在《书林清话》中说:"古人以图书并称,凡有书必有图……《隋书经籍志·礼类》有《周宫礼图》十四卷。"可见,当时虽未发明印刷术,但已经开始在书籍中插入图画。在甘肃敦煌石窟发现的《金刚经》是唐代咸通九年(868年)所刊,卷首就有一幅十分精美的佛说法图。宋末以后,绘图书籍更为广泛,水平更高,如《三国演义》,附图达240幅之多,清代的《避暑山庄图咏》等书多为图文并重。这样，世代相传下来，书籍就被称为图书了。

五声八音——"乐"字趣说

2003 年，考古工作者在重庆奉节县云雾乡兴隆洞发现了 14 万年前的中国古人类手工创制的乐器——石哨，吹奏它可以获得一个清晰悦耳、稳定的音频，专家推测，这应该是人类最古老的乐器。而弦乐器的发明较晚，相传"舜作五弦之琴，以歌南风"，周文王、周武王各加一弦，才成了今天的七弦琴。音乐是一门古老的艺术，那么，"乐"字是怎么产生的呢？

（甲骨文）　　（金文）　　（小篆）

如图所示，甲骨文、金文的"乐"字，像丝弦绷附在木上的形状，"乐"字本义指的正是这种丝弦乐器，又是所有乐器的总称，后来又泛指音乐。也有人对甲骨文的"乐"字有不同的理解，认为上面部分为乐器，即弦乐，下面的"木"是放乐器的架子。此说也不无道理。《说文解字·木部》："乐，五声八音之总名。"许慎讲的是由"乐器"引申出来的"音乐"的意思。如《吕氏春秋·古乐》："昔葛天氏之乐，三人操牛尾，投足以歌八阙。"此外，"乐"读 yuè 时，还用于姓氏。

乐器可以弹奏出动人的音乐。音乐有娱目悦耳的作用，能使人感到快乐，所以乐字又可用作动词，有喜悦、快乐、欢喜等义。段玉裁也说，"乐之引申为哀乐之乐"。用作动词的乐字不读 yuè，而读 lè，例如成语"乐不思蜀""乐此不疲"等。

"音乐"能使人快乐，所以人们都很喜欢它，因此"乐"又引申出"喜好""爱好"的意思。如《论语·雍也》："知者乐水，仁者乐山。"此处的"乐"字要读 yào。

关于"乐"字，还有这样一个故事：在一个学校里，新生报到第一天，班主任上课点名时发现名册上有个叫"乐乐乐"的名字，心头一怔，不知该如何读。他先读"lèlèlè"，无人答应。班主任又改读"yuèyuèyuè"，还是无人答应。最后，老师请学生自己站起来，说出自己名字的正确读法。那个学生站起来，说他的名字应该读"yuèyàolè"。

共工怒触不周山——"共"字趣说

原始时代，人们认为人的灵魂可以离开躯体而存在，祭祀便是这种灵魂观念的派生物。最初的祭祀活动比较简单，人们用竹木或泥土塑造神灵偶像，或在石岩上画出日月星辰、野兽等神灵形象，然后在偶像面前陈列食物和其他礼物。后来，随着生产力的发展和社会的进步，祭祀活动也越来越讲究，并有了一定的规范，比如说供奉之物要双手捧着等。"共"字的产生正描述了这样一种情形。

（甲骨文）　　（金文）　　（小篆）

共是"拱"或"供"的本字。如图所示，甲骨文和金文的"共"字，像一个人双手捧着一块玉璧之类的东西。玉璧等贵重之物，常用来作为宗庙祭祀的供奉之物，因此，"共"字有供奉于前的意思，引申为环抱、拱卫和供给等义。因两手同捧一物，故又引申为共同、在一起、一齐等义。

历史上有一个著名的人物叫共工，共工是在"三皇五帝"中"颛顼"时代一个比较强大部族的首领。黄河的经常泛滥威胁到了部落的生存，共工率领大家与洪水英勇搏斗，他们采取"堵"而不是"疏"的办法来治水，虽未能根治洪水，但是为后人治水积累了经验。共工是我国最早的治水英雄，被后世尊为水神。共工治水表现出来的永不言败的精神，是中华民族宝贵的精神财富。共工与颛顼争夺帝位的故事，后被演绎成"共工怒触不周山"的神话。

朱元璋的"福"字——"福"字趣说

新春佳节，人们喜欢将"福"字写在红纸上，贴于门上，祈求吉祥幸福。

据说，贴"福"字的民俗来自于明太祖朱元璋。传说有一年的农历正月十五这一天，朱元璋微服出行，来到一个镇上，看见许多人在围观一幅画，画上绘着一个赤脚女人抱着个大西瓜，意思是取笑淮西妇人脚大（因古代中国妇女以缠小足为美）。朱元璋看后，以为是镇上的人有意取笑马皇后，因为马皇后正是淮西人，而且是天足。朱元璋把这件事记恨在心，回宫后，马上派部下到镇上调查，看看哪些人曾去围观，这幅画出自什么人之手，统统记下来，对于没有参与嬉笑的人家，一律在他们家的门口贴上一个"福"字。过了两天，朱元璋的部下便以此为据，来镇上捉人，凡是门上没有"福"字的人家都要遭殃。

此后，每逢春节，各地百姓在自家门上贴一个"福"字，以示"安分守己"，后来便演变成了祈求幸福的意思了。

什么是"福"，对于"福"这样一个抽象的概念，先民又是如何去造字的呢？

（甲骨文）　　（金文）　　（小篆）　　（隶书）

甲骨文的"福"右边即"示"，本为"灵石"，代表祖先的神主。左边则是酒坛子的象形字"酉"字，"酉"是装酒的器皿，古代又叫尊（樽）。"酉"还用双手捧着，表示虔诚。可见"福"是由"示"加上"酉"而成的会意字，其意思是将一坛酒供在神主面前，祈求祖先保佑，即"求福"，这就是"福"的本义。

到金文时代，"福"右边是"示"，左边是"畐"。小篆的"福"写作已与今天的楷书形体接近。"畐"的本义是"满"，即酒满。许慎在《说文解字》中说："畐，满也。"又说："福，畐也，从示，畐声。"于是"福"便成为以"示"表意，以"畐"表音的形声字了。

喜上加喜——"喜"字趣说

人们结婚的时候，为了表示对新人的祝愿和增加喜庆的气氛，都会用红纸写上大大的"囍"字贴在墙上。相传，"囍"字是王安石发明的。

王安石是北宋时期著名的文学家。他年轻时上京赶考，路过马家镇时，看见马员外家门外的走马灯上写着这样一句上联："走马灯，灯走马，灯熄马停步"，王安石不禁拍手叫好，却因赶考，没有停留细想下联。到了京城考完试后，主考官面试考生。轮到王安石时，主考官指着厅前的飞虎旗念道："飞虎旗，旗飞虎，旗卷虎藏身"，要王安石对出下联。王安石脑子灵光一闪，"走马灯，灯走马，灯熄马停步"脱口而出。

主考官听后连声赞好。

赶考回来,王安石又经过马员外家,便用主考官出的上联来对马员外出的对联。马员外大喜,当即将女儿许配给王安石,原来那走马灯上的对联是马员外女儿的选婚联。王安石新婚大喜之日,正巧也传来金榜题名的好消息,喜上加喜,王安石提笔就在纸上写下"囍"字。从此,王安石捡来两联,上应主考,下获娇妻,一时传为美谈。

"喜"在甲骨文中上面部分像一把"鼓",下半部分是"口",整个字像笑得合不拢嘴的人以击鼓的方式表达心中的喜悦。"喜"的本义是高兴、快乐,又可引申为喜爱、喜欢。"喜"字还与人们的生活息息相关,常指喜庆的事。人们还常把一些美好吉祥的愿望寄托在某些事物上,例如"喜鹊报喜"。

滥用寿字闯大祸——"寿"字趣说

关于"寿"字,《说文辟字》中解释为"老",关于寿字还有一个小故事。

从前有个傻女婿,要到他岳父那儿拜寿。临走的时候,妻子嘱咐他说话时要多带个"寿"字。于是,他到了岳父家,见了蜡烛叫"寿烛",见了点心、桃子叫"寿糕""寿桃",见了面条叫"寿面"。岳父见女婿说话处处带个"寿"字,十分高兴。

正吃着寿面,看见岳父头上有一只苍蝇,傻女婿连忙用手拍过去,一边拍一边还说:"不要怕,我不会拍痛寿头,打伤寿脑的。"岳父听了他这话,气得手直发抖,把碗里的面汤洒在了自己的新衣服上。傻女婿连忙用毛巾替岳父擦干净衣服,又说:"好好的一件寿衣上浇了面汤,怪可惜的。"岳父气得半天说不出一句话来。

吃完了寿面,傻女婿摆弄着桌子上一红木匣子,当着岳父的面说:"这寿木、寿材真够漂亮的。"岳父听了,气得昏死过去了。

傻女婿之所以闯了祸,就是因为他不了解"寿"的含义和用法,不管"寿"的感情色彩和使用场合。"寿面""寿桃"是"寿"的正面用法,是吉利的字眼;而"寿头""寿脑"在吴方言里是"傻头""傻脑"的意思;"寿衣""寿木""寿材"则是指为人死后预备的衣服和棺材。故使用时一定要注意词语的感情色彩,不同的场合用不同的词。

禾谷丰收——"年"字趣说

农历正月初一是春节,又叫阴历(农历)年,俗称过年。关于过年的来历,民间还有另外一种传说:古时候,有一种叫做"年"的凶猛怪兽,每到腊月三十,便串村走户,觅食人肉,残害生灵。有一个腊月三十晚上,"年"到了一个村庄,适逢两个牧童在比赛牛鞭子。"年"忽闻半空中响起了啪啪的鞭声,吓得望风而逃。"年"又窜到另一个村庄,迎头看见一家门口晒着件大红衣裳,它不知其为何物,吓得赶紧掉头逃跑。后来,"年"又来到了一个村庄,朝一户人家门里一瞧,只见里面灯火辉煌,刺得它头昏眼花,只好又夹着尾巴溜了。

由此,人们摸准了"年"有怕响、怕红、怕光的弱点,等下一次"年"再来的时候,人们便燃起晒干的竹子,贴上红字。后来,又逐渐演化成放鞭炮、贴对联等过年的风俗。

"年"真的是一种怪兽吗?我们的祖先为什么要年年"过年"呢?这要从"年"字的历史演变说起。

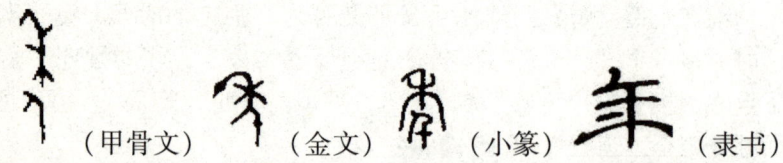

(甲骨文)　　(金文)　　(小篆)　　(隶书)

如图所示,甲骨文"禾"字的上部是"禾",下部是一个"人",整个字是一个人的头部顶着禾的形状,以此象征着禾谷丰收的情形。有的学者认为"年"字所描绘的是古代先民庆贺丰收的丰收舞;当禾谷丰收后,人们头上顶着禾谷作为装饰,翩翩起舞。总之,"年"的本义是"禾谷丰收"。

在耕作方法落后的上古时代,禾本庄稼一年一熟,所以西周中叶以后便以"年"纪岁:一年,便表示地球绕太阳一圈的时间。用"年"作时间单位也是"年"最常见的用法,由此还引申出"岁数、年纪"等义,例如"年轻""年龄"等。

投鼠忌器——"器"字趣说

狗是世界上最早的家畜之一，历来是人类的亲密伙伴。"犬守夜，鸡司晨"。在数千年的历史中，狗一直与人类生活在同一屋顶之下。狗的天性似乎就是看家护院，恪尽职守。这从"器"字的造型可见一斑。

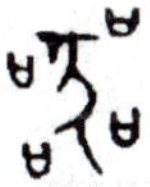

（金文） 　　（小篆）

如图所示，金文中的"器"字由"犬"和四个"口"组成。这里的"口"指的是可以装东西的器皿，表示许多器皿集中堆放在一起，有狗（犬）在中间看守。器字最初的本义可能指陶器，后泛指一般的器具、工具，如《论语》："工欲善其事，必先利其器。"器还有"才能""人才"之意，例如"大器晚成"（《老子》），"先自治而后治人之称大器"（《法言·先知》）。"器"还可作动词，有赏识、看重之义，例如"器重"。

关于"器"字，有一个成语叫"投鼠忌器"，意思是想用东西打老鼠，又怕打坏了近旁的器物。比喻做事有顾忌，不敢放手干。此成语出自《汉书·贾谊传》："里谚曰'欲投鼠而忌器'，此善谕也。"相传，西汉景帝时期，太中大夫贾谊为了不让汉景帝庇护身边有过错的官员，就给汉景帝讲"投鼠忌器"的故事。故事是这样的：有一只老鼠，趁着夜深人静的时候，从洞中出来偷东西吃，结果被主人发现了。老鼠知道自己已被发现，就逃到一只大米缸旁边躲藏起来。主人想打老鼠，又怕打破米缸，非常为难。汉景帝一下明白过来，原来贾谊是在提醒他不要庇护那些有过错的近臣。

秉笔直书——"史"字趣说

一代明君唐太宗有一句名言流传于世：以铜为镜，可以正衣冠；以史为镜，可以见兴替；以人为镜，可以知得失。为何要以史为镜呢，这从"史"字字源可窥见一斑。

（甲骨文） 　　（金文） 　　（小篆）

关于"史"字，《说文解字》云："史，记事者也；从又，持中；中，正也。"如图所示，甲骨文的"史"字下部的符号表示"左右手"，上部的符号表示"盛放简册的器具"，整个字形表示掌管文书记录，"史"字为会意字，本义为"史官"，此后金文、小篆大体承袭了这个字形。

史官是一个很古老的官职，掌管历法、参加国家重要典礼、记载国家大事、搜集整理文化典籍。史官记事有一个很好的传统，叫做"君举必书，书法不隐"，意思是君主的言行，不论好坏都如实记录下来，不替他们隐瞒。他们认为这是他们应该做的，甚至为此献出生命也在所不惜。正因如此，历史对后人有很大的参考价值，给人以启发，这就是为什么人们常把历史当做镜子的原因。

史官记录保存的历史文献也是"史"，后代成为"史书"，史书是治理国家最重要的参考读物。在纸发明之前古人以竹简记事，所以历史书籍称为"青史"。史书有不同的种类，以时间为线索记事的史书叫做"编年体"史书，历史上第一部编年体史书是《春秋》；以人物为线索的叫"纪传体"史书，历史上第一部纪传体史书是《史记》；以事件为线索的叫"纪事本末体"史书，历史上第一部纪事本末体史书是《通鉴纪事本末》。史书还分"正史""野史"，"正史"指政府组织编写的史书，"野史"指私人编撰的历史。

三山倒挂，两月相连——"用"字趣说

关于"用"字的本义，《说文解字》云："用，可施行也。"对于这个解释，自古以来众说纷纭，至今莫衷一是。这是由于"用"的字形不能够鲜明地显示字义，所以引起各种猜测。

　　（甲骨文） 　　　（金文） 　　　（小篆）

有人认为，"用"字像灼烧甲骨时卜纹的走向，本义是刻在盘子中央表示可以施行的卜辞，如用兵如神。引申义有委任、使用、需要、凭借、使用的效果、财物、吃喝等。也有学者认为，甲骨文、金文和小篆的"用"的形状像一只木桶，木桶可用，故会意为"用"，继而引申为施用之用，分别有使用、功用（作用）、费用等义。

关于"用"字，有这样一个故事：相传，王安石想招一个书童，就

派人传出消息,凡是想当书童的,必参加考试,考试的题目就是猜谜语。这一天,来了一个孩子,他的家里虽然很穷,但是他学习刻苦、聪明伶俐,王安石接连出了三个谜,他都很快就猜出了答案。身边的人问王安石:"这个孩子用还是不用?"王安石一言不发,拿起笔又写了一则字谜:"三山倒挂,两月相连;上有可耕之田,下有长流之川;一家有六口,两口不团圆。"身边的人还在奇怪呢,那孩子却高兴地跳起来,连声对王安石道谢。原来,王安石的谜底就是"用"字。

以事相告——"示"字趣说

原始时代,古人迷信鬼神,凡事都要请求神灵的指导和保佑,所以有关祭祀鬼神的活动特别多。最初的祭祀活动比较简单,人们用竹木或泥土塑造神灵偶像,或在石岩上画出日月星辰、野兽等神灵形象,作为崇拜对象的附体。然后在偶像面前陈列献给神灵的食物和其他礼物,并由主持者祈祷,祭祀者则对着神灵唱歌、跳舞。而"示"字的产生,正是这种祭祀活动的产物。

丁(甲骨文) 示(小篆)

如图所示,甲骨文的"示"字,像一横一竖两石块搭成的石桌,桌上可以供放祭品,用以拜祭祖先或鬼神,其本义指供放祭品的石桌,也即所谓的"灵石"。后来,"示"成了代表神灵接受祭祀之物的灵物,因此,"示"在汉字中也成了代表鬼神的字符。凡以"示"为偏旁的字,如福、祭、祝等,均与祭祀神、祖有关。

拜祭祖先神灵,一般是有事相告以求庇佑,所以示字又有"以事相告"之义,引申为显示、表示,即给人看的意思,如示威(显示威风或尊严)、示弱(表示比别人力量小)、指示等。

"缄"的含义——"缄"字趣说

有一姓马的人,儿子叫马小明。马小明18岁后,到外地当兵,到了部队稍作安顿,马小明就给家里写了一封信。待到要邮寄时,发现别的新兵在信封上的落款处写着"王缄""李缄"。"缄"在这里是封口的意思,马小明不懂,想问别人,又怕被人小瞧了,想着别人都写了,干脆自己也照写吧,就写上"马缄"。

父亲接到信,先是一愣,以为寄错了,后来看到字迹是儿子的,心想:这小子怎么刚进部队门就改了名?看信时,落款处仍是马小明,想了半天,忽然醒悟:准是部队里讲究起个新学名,于是回信时便在信封上写了"马缄"收。

这样过了一个月,父亲给儿子写了三封回信,均因"查无此人"而退回。看着这一封封被退的信和儿子信中埋怨父亲不给他回信的话,做父亲的怎么也不知毛病出在哪里。

第四个信封上写着"马缄"收的信送到新兵连,被细心的指导员发现了,他见地址和连队唯一的一个姓马的新兵马小明家的地址一样,猛然闪出个念头,让通信员把信送给了马小明。马小明见到父亲那熟悉的字迹,急忙拆开,映入他眼帘的是:"缄儿,我给你已经去了三封信,都因'查无此人'而……"马小明看到这,心里全明白了。随后赶到的指导员细心为马小明讲述了"缄"的意思,马小明表示要在部队里好好学文化。

"缄"为何意?溯其源,"缄"原来是捆箱子的绳,《说文解字》载:"缄,束箧也。""箧"即箱子之类的东西。又引申为"封",指的是把公文或书信封盖上,使内容保密。另外,缄由"捆"引申为"封",与古代公文书信有关。东汉前,公文书信多写在木板或竹简上,叫"札",并用绳子捆上,绳子打结处再加一块泥,然后在泥上盖印章,以防被拆,叫"封泥"。用绳子捆叫"缄",用泥盖印叫"封",解开绳子叫"开缄"。"缄"和"封"的目的均为保密。

第九章 汉字与审美

"九文龙"——"文"字趣说

《水浒传》一百单八将中,有个叫史进的,绰号"九文龙",因他的胸、背、手臂上文了九条翻云覆雨的龙,故此得名。史进身上的图案是用针在皮肤上刺出花纹后加以染色的,叫做"文身"。

文身的习惯起源于原始时代,那时,原始部落的成员往往在身上文出本部族的图腾标志,有些民族在进入阶级社会后,还用文身的办法表示等级身份。古人便是根据这种风俗习惯创造了"文"字。

如图所示,"文"字这个字是用象形的方法造出来的,甲骨文和金文的"文"字均像一个张开双臂、叉开双腿的人,并且胸膛上还刺着花纹。"文"字的本义即"文身"。

后来,"文"字又不断引申出其他的含义。例如,"文"字与花纹有关,花纹是有纹理的,所以,"文"字被用来表示文章的"文",又因为花纹是赏心悦目的,于是就引申出了文采的"文",因为文字文辞或文章都承载着一定的文明成果和文化内涵,所以,"文"又指文明和文化。

"每"字的本义——"每"字趣说

鲁迅是我国现代伟大的革命家、文学家、思想家,通常我们只知道他在文学方面的成就,其实,鲁迅先生在文字学方面也颇有研究,例如,关于"每"字,鲁迅先生经过认真考证后认为,"每"字是"戴帽子的太太"。

(甲骨文)　(金文)　(小篆)

如图所示,甲骨文的"每"字,像一个敛手腹前跪坐地上的女子,她的头上戴着花翎锦羽一类的装饰。女人头戴羽翎,在古人眼中就是一种美的象征,所以"每"字的本义是指妇女之美。"每"和"美"字的构造方法相近,表达的意义也相近,后来"美"行而"每"废。"每"字被借用来作虚词,表示"往往""时常""每次""逐一"等义,它的本义也就很少有人知道了。

许慎则有不同的解释,《说文解字·中部》:"每,草盛上出也。从中,母声。"许慎认为"每"是一个形声字。现代学者安子介先生持有相同的观点,不过他在许慎的基础上作了新的解释。他认为"每"字下面的"母"喻指土地,即人们常说的母亲大地,上部指草,上下两部分会意为"各种植物能茂盛生长",含义是"所有的母亲都对她的每一个孩子予以相同的关怀"。

羊大为美——"美"字趣说

美的享受,我们每个人都可以体验到,但如果有人问"美是什么",或许很多人无法回答。美是什么?这是美学中一个最古老而且至今还没有圆满答案的问题。正如歌德所说:"美是费解的,它是一种犹豫的、游离的、闪耀的影子,它总是躲避着被定义所掌握。"古人是如何创造"美"字的呢?

(甲骨文)　(金文)　(小篆)

如图所示,甲骨文和金文中的"美"字,像一个头戴羽毛的人在手舞足蹈。在原始社会,先民在祭祀、庆功等场合,常常在头上戴上兽角或羽毛做成的装饰,跳起欢乐的舞蹈。后来这种兽角或羽毛逐渐成为装饰品,戴在头上成为美的标志,这就是甲骨文和早期金文"美"字的来历。因此,"美"字的本义是指人的装束漂亮好看,引申指人的容貌、声色、才德或品格很好,同时还可用来指食物味道的甘美。

关于"美"字的来历,还有一种说法,即"羊大为美",《说文解字》云:"美,甘也,从羊,从大。"古人认为羊越大,其肉的味道就越可口,"美"字由"羊""大"两字会意而成,本义是美味。也有人认为羊越大,身体就越美观,即"美"。

抱子哺乳——"孚"字趣说

"孚"字为何意?它是如何被创造出来的呢?

(甲骨文)　　(金文)　　(小篆)

如图所示,甲骨文的"孚"字上面是一只手的形状,下面是小孩子的形状,表示抱子哺乳之意。本义为抱子哺乳。

《说文解字·爪部》:"孚,卵孚也。从爪,从子。一曰信也。"徐锴曰:"鸟之孚卵皆如其期,不失信也;鸟抱恒以爪反覆其卵也。"这两句话讲的是"孚"字的引申义。"孚"字的引申义有"鸟孵卵"之意,由于人生子和鸟孵卵皆有定期而不失信,所以"孚"字还有"诚信""使人心服"等义,如"深孚众望"。由于鸟孵卵必伏于蛋上而出于壳中,所以,"孚"字还有"浮在面上"等义,进而引申指"种子的外皮"。此外,"孚"字还有"俘获"之意。

为了分化字义,后来专用"孚"来表示诚信之意。孵卵之意则另加义符"卵"写作"孵"来表示。浮在面上之意则另加义符"氵"写作"浮"来表示。种子的外皮之意则另加义符"禾"写作"稃"来表示。俘获之意则另加义符"亻"写作"俘"来表示。

关于"孚"字,有这样一个故事:相传,唐代秘书监贺知章年老要求告老还乡,回归吴中,唐玄宗答应了。贺知章临走前,去向皇帝告别,皇上问他还有什么要求,他说:"臣有一个儿子,至今还没有定下来叫什么名字,希望陛下恩赐。这样我回到家乡也感到十分荣耀。"皇上道:"希望你的孩子长大是个讲信用的人,就取名'孚'吧。"回到家后,贺知章细细琢磨唐玄宗的这个"孚"字,不禁烦恼起来。因为"孚"字的结构,上面是个"爪",下面是个"子",分开念就是"爪子"。贺知章越想越不高兴。皇上取的名字是不能不用的,否则就是违背"圣旨",用吧,岂不永远让别人笑话吗?

"消灭法西斯"——"卍"字趣说

20世纪50年代,周恩来总理在中南海设宴招待东欧的一批外宾。席间,宾客们对色、香、味俱佳的中国菜肴大为赞赏,宾主之间气氛融洽。

这时,服务员端来一道很考究的汤。汤里的冬笋被刻成传统的民族图案"卍"字形,可是汤里的冬笋片一翻身,"卍"字形却变成了希特勒使用的法西斯标志。外宾发现后大吃一惊,于是当即向周恩来请教:"为什么这道菜里有法西斯标志?"

周恩来总理随即向客人解释说:"这不是法西斯的标志,是我们中国的'卍'字图案,象征着'吉祥万德、福寿绵长'。这是对客人们的良好祝愿。"接着周总理又风趣地对客人们说:"就算是法西斯标志也没关系嘛,我们大家一起来消灭法西斯,把它吃掉!"宾主一时皆大欢喜。

"卍"是古印度和中国的一种符咒或护符的标志,被用作太阳和火的象征。梵文本读"室利靺蹉",它有吉祥万德之所集的意思。在汉语典籍中,"卍"最早见于佛教经典。"卍"本是佛家始祖如来佛胸前的一种吉祥花纹,因而称为"佛心"。在佛教菩萨的胸脯上常可见到。"卍"是最古老的"方"字,表示世界的四方。大约从公元700年开始,它的意思变为"万",象征无限。"卍"本来不是字,唐武则天下令把这种符号正式作为汉字,读为"万"音,并取"吉祥万德"的意思。自此"卍"字就像双喜字一样,备受人们青睐。

休养生息——"休"字趣说

俗话说:"大树底下好乘凉"古时候,田间劳动非常辛苦,能够自由自在地背靠大树休息一下,对于古人来说,无疑是一种美好的享受了。古人正是出于这种生活体验创造了"休"字。

(甲骨文)　(金文)　(小篆)

《说文解字·人部》:"休,息止也,从人依木。"如图所示,从古至今,"休"字像一个人背靠大树乘凉歇息的样子,其本义即为歇息,例如,"休养生息","休养"是休息调养的意思,"生息"是人口繁殖的意思,此成语指在战争或社会大动荡后,减轻人民负担,安定生活,恢复元气。

"休"由"休息"之义可以引申出"停止"的意思,例如"喋喋不休""休学"等词。

紧张工作后休息一下,是一件令人愉快的事。因此,"休"字又有"美好""吉利""喜乐"等义。例如"休戚相关",指忧喜、祸福彼此相关联,形容关系密切。

关于"休"字,有这样一个故事:清朝乾隆年间,刘墉被派到南京主持破获"一枝花"的"谋逆造反"大案。为了办案方便,他乔装成一个算命先生,在市井中给人测字算卦。一天,一个二十几岁的青年来找他测字。刘墉对他有一定了解,他是"一枝花"集团中的一员干将,武艺高强,虽入迷途,但他心地善良,刘墉很想让他迷途知返。这青年随手写了一个"休"字,递给刘墉道:"请先生测测我的生平。"刘墉郑重其事地说:"按这个'休'字来看,其意吉凶参半。'休'乃一人依木之象,草木属阴,看来先生幼年早孤,你家中只有老母与你相依为命,可是否?"青年不禁一惊,钦佩地点了点头。刘墉接着说:"木乃东方青龙之象,一人依木原是开发之象,只是木属阴,属静,令堂贞静贤惠,只是口齿不便利。"青年听罢,想到自己聋哑的母亲为了养育自已所付出的艰辛,不禁潸然泪下:"先生说得都对,请继续说。""请莫怪我直言,这'休'字不成'体',恐怕你小时候不成体统,是个浪荡儿。但'休'有'止'的意思,何时而止?'休'可拆十八成人,十八岁以后,你才立志改过,浪子回头,可惜此时令堂人已就木了。"那个青年此时已是泪流满面。刘墉看他如此,说:"你不必难过,将来必有后福,可报先慈于地下。"

"何以见得?"青年问。

刘墉把纸递过去道:"请看纸的背面。"青年把写着字的纸翻过来,横着端详,竟然是一个"兵"字。刘墉说:"'兵'字原是立人之象,你既不在行伍,则是个谙熟兵刃的好汉,必定身有武功。你再看:这'兵'字实系横倒之'木',人卧倒木之上,虽树倒,而先生自可无恙。后半生的事业恐在其中了。"

后来,青年投降了朝廷,在刘墉手下办差,成为一名得力干将。

手中有肉——"有"字趣说

什么是"有"?"有"是一个抽象的概念,不能像象形字那样用具体的形象表示出来。古人是怎么表示"有"字的呢?远古时期,生产力低下,物质产品匮乏,先民们茹毛饮血,动物的肉是先民们最主要的食物,手中有块肉就能解决温饱,有肉就是"有"。

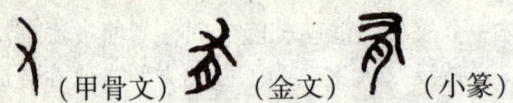
(甲骨文)　(金文)　(小篆)

如图所示,古文字的"有"字,从又从肉(月),像人手持肉块之形,表示"持有"之义。"有"的本义指"占有""取得",与"无"相对,引申为"存在"之义。

许慎对"有"字作了不同的解释。《说文解字·有部》"有,不宜有也。《春秋传》曰:'日月有食之。'从月又声。"许慎认为"有"为形声字。所谓"不宜有"是不该有而有之的意思,即不该有月食却出现了月食。

在山西、陕西及浙江等地流行着这样一种习俗。春节时,将红纸剪成菱形,并在上面写上由一个正"有"字和一个倒"有"字组成的符号,俗称"倒有有",当地人将这种符号写好后贴在水缸或粮囤上,取"一年四季常常有"的意思。

关于"有"字有这样一个故事:"杨乃武与小白菜"之案是清代四大冤案之一,曾经震惊全国。鲜为人知的是,诉状中改动一个"有"字影响了整个案件的走向。

杨乃武是余杭(今杭州)人,为人正直,文笔犀利,好打抱不平,得罪了余杭知县刘锡彤、杭州知府陈鲁和其他劣绅恶棍,因而被诬为与小白菜通奸,谋妻杀夫,沉冤长达三年之久。

杨乃武之姐杨淑英、杨乃武之续妻詹彩凤到京城上告都察院时,从运河坐船经过扬州乃武世交李耿堂老先生处,李老看了杨乃武在狱中所写的诉状,其中有"江南无日月,神州无青天"一句话,李老认为第二个"无"字用得欠妥,这样触及官场太大,反而于事不利。他提笔改成"江南无日月,神州有青天"。也正是这一字之差,杨乃武的诉状唤起了有关官吏心中的正义感,从而使其打赢了官司。

好好先生——"好"字趣说

什么是好?对"好"的判断标准可能因时因地因人而异,但总的来看,客观的、共同的标准还是存在的,即一切美的、善的事物、行为或使人愉快、给人以美感的事物、行为,都是"好"的,这个标准古今一致。

〇（甲骨文） 〇（金文） 〇（小篆）

如图所示,甲骨文的"好"字,从女从子,是个跪坐的女子抱着孩子的形象。从甲骨文中我们无从知道"好"字为什么要以"女""子"会意,因为甲骨文中的"好"字只见于人名——妇好。从出土的甲骨文来看,有关"妇好"的记载多达几百条,有很多是赞美她会生孩子。因此,有学者认为,古人崇尚多子多福的观念,衡量一个女子的好坏首先是以其能否生育为标准的。"好"字从女从子,是表示妇女生育而有子的意思,"好"字充分展示了我们的祖先对妇女生育的一种赞美心态。由此引申为泛指一切东西"好",有美和善的意思,与"坏"相对。又因为东西好,人就喜欢、喜爱,因此"好"又引申为喜欢、喜爱的意思,这时的"好"要读为hào,如好奇、嗜好等。

关于"好"字,有个著名的成语为"好好先生",出自《世说新语·言语》,成语的典故是这样的:东汉时期,有个名叫司马徽的人很善于识别人才。但由于当时政治斗争十分尖锐复杂,他就装糊涂,别人无论和他讲什么,他都回答"好"。人们送给他一个雅号叫做"好好先生"。这天,"好好先生"正在家习字作画,家奴来报:"刘员外来见!"司马徽一听高兴地说了句:"好!"刘员外一进门就哭丧着脸,司马徽问:"刘员外,今天可好呀?"刘员外的儿子因在外面胡作非为,杀了人,被官府抓住,押进死牢,就等秋后问斩了。他听说司马徽为人不错,朋友也多,想让他给想想办法,于是对司马徽说:"我儿不孝,犯了王法。"司马徽没听完话就接口说:"好。"刘员外一听,强压怒火继续说:"我儿现在被押在死牢,秋后问斩。"司马徽说:"大好。"刘员外气得转身就走。这时,司马夫人上前劝司马徽道:"别的事说'好'无妨,人家儿子要死了,怎可说'好'。"司马徽一拍大腿:"夫人,你这话说得再好不过了。"现在,"好好先生"一词用来指那些与人无争,只求相安无事的人。

"再见,华佗"——"见"和"现"趣说

据说,有一位青年,英语学得很好,单位领导就叫他陪同外宾,兼做翻译。在参观访问时,他对答如流,受到外宾的赞赏。有一次,他陪同外宾来到一家医院,仰面看见门额上挂着一匾,上面黑底金字,写着"华佗再见"。一位外宾问这位青年:"请问,这块匾上的字是什么意思?"

他说:"再见,华佗!"

外宾感到迷惑不解:"怎么把我们叫'华佗'呢?这是尊重还是蔑视?"外宾虽有这样的想法,也只好藏在心里,又去参观了。

其实,"华佗再见"的"见"同"现",是说这家医院的医生医术高明,如同华佗再世。

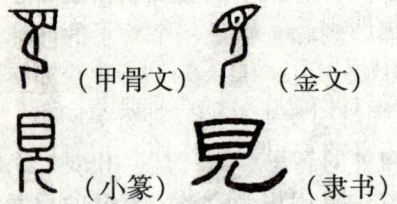
(甲骨文) (金文) (小篆) (隶书)

如图所示,甲骨文的"见"上边是个横着的眼睛,下边是个朝右跪着的人。造字者描画了人的眼睛,其目的就是要突出"见"的"看见"的意思。金文"见"继承了甲骨文的造字手法。"见"字发展到小篆后,横"目"转动了一下,便成了竖"目",其下部仍然是一"人"字。

《说文解字·见部》:"见,视也。从儿,从目。"段玉裁注:"用目之人也,会意。"

"见"的本义是"看见",由于上古没有"现"字,因而"现"字的意义"显露、表现、现成"等全由"见"兼起来。不过当"见"作"现"时,其读音不是 jiàn,而是读 xiàn。"现"是后起字,因此可说"见"是"现"的古字。

浮一大白——"白"字趣说

白色是一种类似霜或雪的颜色,属五色之一,与黑相对。这种抽象

的概念是如何造型的呢？

（甲骨文）　　（金文）　　（小篆）

如图所示，甲骨文、金文的"白"字，像一椭圆形的稻米粒。古人发现，春米后脱去谷壳的米粒纯净莹白，所以用它来代表白色。也有学者认为，"白"为象形字。甲骨文的"白"字，像日光向下射之形，阳光是明亮、白色的，所以"白"字本义为白颜色，从"白"的字多与光亮、白色有关。

白与黑相对，例如"黑白分明"，是说黑颜色和白颜色分得很清楚，比喻是非分明。"白山黑水"，原指中国东北的黑龙江和长白山，后来泛指东北地区。"白驹过隙"比喻光阴迅速，典出《庄子·知北游》："人生天地之间，若白驹之过隙，忽然而已。""白头如新"形容久交而不相知，与新交无异。"白璧微瑕"是说白玉璧上有小斑点，比喻很好的人或事物还有小缺点。"白云苍狗"比喻世事变幻无常。典出唐杜甫诗《可叹》："天上浮云如白衣，斯须改变如苍狗。"也作"白衣苍狗"。而白天黑夜中的"白"字当明亮讲。"白"也当清楚、明白讲。例如"真相大白于人卜"等。"白费力气"是徒劳的意思，"白"字用作动词，还有禀告、陈述之义。

古人对高寿的人常给予美称，如称七十岁为"古稀"，八十、九十岁为"耄耋"，百岁为"期颐"，如果未到整数，只有九十九岁，该如何称呼呢？有人把九十九岁称为"白寿"，因为"白"字是百里缺一。

古代的酒杯叫"爵"，其中有一种罚酒用的杯子，俯视杯口，像甲骨文"米"字的形状，叫"白"，后来便称满满地饮一大杯酒为"浮白""浮一大白"。

商代人喜欢白色，把织好的丝织品通称为"帛"，也叫做"白"，"白""帛"二字通用。因为白色为人们喜爱，所以又把"白"引申为美称，用作"伯"字。古代爵位分"公""侯""伯""子""男"五等，"伯"是三等，在金文里，"伯"字写作"白"，后来才加"人"旁为"伯"的。兄弟排辈按"伯""仲""叔""季"来分长幼次序，"伯"是老大，古也作"白"，后来加"人"旁作"伯"，又把父亲的哥哥叫做"伯"。

在特定的历史时期，"白"还有个含义——象征反动，是贬义的。如

"白区""白军"等,这里的"白"与表示革命的"红"字是相对的。

弯腰负重——"重"字趣说

相传,河南邓州的庞振坤是清朝乾隆年间著名的才子,为人正直而诙谐。在他所住的村子里有个财主,贪婪吝啬,搜刮成性。有一次,他老婆生了第八胎,他令家丁通知各个佃户,为表庆贺,十二天后他请客,佃户送礼越重越好,不送的不能种田。依照当地习俗,不是第一胎不兴请客,财主却屡屡破戒。佃户们又气又愁,于是找庞振坤想办法。

请客的日子到了,庞振坤领着身背石头的佃户们来到财主家。财主十分气愤,大加斥责。庞振坤笑道:"你不是说送礼越重越好吗?"说完,与佃户们吃酒席去了,财主气得哑口无言。

"重"有很多意思,在上面这个故事中,财主所理解的"重"的意思是"价格高",而庞振坤却故意理解成"分量大"的意思,背了对财主毫无用处的石头,自然令财主哑口无言。

其实,从字源上分析,"重"的本义是人负荷着分量较大的东西感到沉重。请看下图。

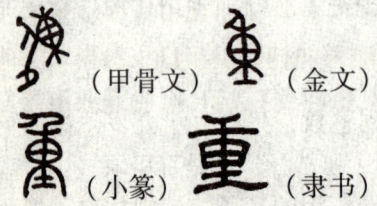

在"重"字的甲骨文形状中,"重"的构形是一个弯着腰的人正吃力地用背驮着一个上下捆扎着袋口如包裹状的东西,看起来所背的东西很沉重,这表现的就是"重"的本义,非常形象,充分体现了先民造字的聪明智慧和细密心思。

金文中此重物与人组合成一体,又省去人足,并在足下平添一横表示地面。隶文中"重"竟有点像"千""里"两字的组合了。"重"在表示"重复"或"再"的意思时,要读 chóng,这已经是"重"的后起之义了。

张作霖手黑——"墨"字趣说

有一次,张作霖参加一个酒会,席间,一日本名流拿出墨请张作霖赏幅字画。他知道张作霖出身绿林,识字有限,想当众出他的丑。

不料张作霖胸有成竹,挥笔写了个大大的"虎"字,然后落款"张手黑",掷笔而起,众人一阵喝彩。这时张作霖的秘书凑近告诉他,小声提醒说:"大帅,你的'墨'字少个'土'成'手黑'了。"张作霖眼珠一瞪说:"我还不知'墨'字下面有土?这是给日本人的,不能带土,这叫做'寸土不让。'"此语一出,在座之人皆叹服不已。

历史已久远,许多人还是记住了这个典故,即便是当时在场的敌人,也不得不佩服张作霖的民族气节。"墨",会意兼形声字,从土,从黑,黑亦声。本义是指书画所用的黑色颜料,用松烟等制成。"黑",会意字,小篆字形,上面是古"囱"字,即烟囱;下面是"炎",(火)字,表示焚烧出烟之盛,合起来表示烟火熏黑之意,本义为黑色。

爱屋及乌——"爱"字趣说

爱是什么?哲学家说,爱是一种特殊材料制成的媒介物,它使人容颜焕发,青春常在;文学家说,爱是一首激动人心的抒情诗,让人心潮涌动,激情澎湃;医学家说,爱是一剂千古难觅的良药,令人经络疏通,身体康健。不同的人对爱有着不同的理解。古人是如何创造"爱"字的呢?

(甲骨文) (金文) (小篆)

如图所示,金文里的"爱"字由"欠"(或"旡")和"心"两部分构成。"欠"和"旡"都是端坐地上张着口的人形,这个张口的人,用手抚着"心",以表示"张口告人,心里喜欢"的意思,这就是"爱"。"爱"是一个会意字,本义是"喜爱、爱好",后来又引申出"爱情""爱惜""贪"等义。

爱是人类永恒的主题,是作为人必须具备的本质之一。但爱在本质上却是一个抽象概念,可以体验但难以言语。由"爱"构成的成语有很多,例如爱不释手、爱屋及乌等。"爱屋及乌"是指因爱一个人而连带爱他屋上的乌鸦,比喻爱一个人而连带地关心到与他有关的人或物。该成语出自《尚书大传·大战》"爱人者,兼其屋上之乌"。

夭屈如人之笑——"笑"字趣说

现代心理学家们研究发现:笑是人类与他人交流的最古老的方式之一,每一个人早在学会说话之前就掌握了这门技巧。那么,"笑"字是怎么产生的呢?

（小篆）

"笑"为会意字,如图所示,小篆的"笑"字从竹,从夭。李阳冰刊定《说文》"从竹,从夭",又云"竹得风其体夭屈如人之笑"。"笑"的本义指"欢笑、乐",引申为"讥笑、嘲笑"等义。"笑"还用作敬辞,例如"笑纳"。笑,如今可单用,一般不作偏旁。

关于"笑"字,有这样一个故事:王安石是唐宋散文八大家之一。一天,苏东坡来看望他,他拿出自己新著的一部《字说》,向苏东坡请教。苏东坡翻了几页,就看出毛病来了。王安石的书上解释"笃"字说:"'笃'就是用竹竿赶马的意思。"苏东坡不禁发笑,于是就用开玩笑的口吻说:"照你这样解释,那么'笑'（古字'咲'）就是用竹竿打犬的意思了。"王安石知道自己搞错了,于是接着问道:"那么'鸠'字是'九''鸟'的会意,有没有根据呢?"苏东坡又故意说:"有啊,《诗经》上说'鸤鸠在桑',有小鸟七只,加上它们的爹娘,不正好是九鸟吗?"苏东坡说完后哈哈大笑。后来过了好久,王安石才知道苏东坡又跟他开了个大玩笑。

第十章　汉字里的政治军事

口中含玉——"国"字趣说

在"国"字的甲骨文写法中，中间表示国土，四周短竖表示国界，右戈示以戈卫国。金文的发展延续了甲骨文的风格。从甲骨文、金文的"国"家看出，"或"是"国"的最初文字，"或"字里的"口"表示城池，意思是以兵戈守卫城池，经过发展，"或"字外边加了一个方框，强调自己的边界用武装力量守卫。"国"字的本义是邦，邦就是国家的意思。

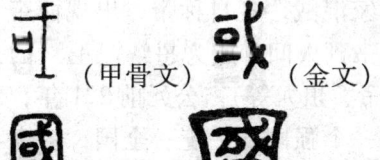

（甲骨文）　（金文）

（小篆）　（隶书）

20世纪50年代初，中国文字改革委员会汉字整理组广泛收集异体字的资料，发现"国"字竟有40多种写法。历史上的"国"字发展也经过了很多反复。

"国"字曾被武则天改为"圀""囝"。当时有位幽州学子，为讨武皇所好，向她上书说，国家的"国"（國）字方框中的"或"字像"武"字而实际上又不是"武"字，有"乱天象"之嫌，将方框中的"或"字改为"武"字上承天意，下合民愿。武则天一听，高兴极了，随即诏令天下，将"國"字改成"圀"字。可是没过多久，又有人上奏说："把'武'字嵌进'口'中，与把'人'放在口中为'囚'的意思似乎相同，此为不祥之甚，请即罢改。"并建议用八方的"分"字取代，即成"囝"。于是武则天又下令停用"圀"字，改用"囝"字。

洪秀全建立了太平天国后，也在"国"字上用了一番心思。在他看来,他所建立的"国家"的"國"字中,不应与一个表示大概或可能等"疑惑"之义的"或"字谐音,于是在1853年,他诏令将"国"字中的"或"字改为"王"字,这样才与他自称的"天王"二字相符,同时也与他一心要代替上帝主宰一切的思想相吻合。

武则天和洪秀全对"国"字的修改都没有坚持下来,而是成为后人的笑柄。1956年6月1日,中央颁行的简化字中,将"國"简化为"国"。这是一个从"玉"的"国"字。参加汉字改革的专家认为我国的玉文化有着悠久的历史,"玉"是珍宝,又是美好事物的象征。其意思是:让人们像爱护珍宝一样珍爱自己的国家,为创造一个如玉一样的美好国家而奋斗。这就是从"玉"、从"口"的"国"字的深刻含义。

三皇五帝——"皇"字趣说

中国古代最早所称的"皇帝"是对"三皇五帝"的统称。三皇指天皇、地皇和人皇,是传说中的三个古代帝王;"帝"原来指宇宙万物至高无上的主宰者——天帝,后来许多国家混战,各自称帝,出现西帝、东帝、中帝、北帝等,使天上的"帝"来到人间,成为超越"王"的人间尊号(也有说是部落时期的黄帝、炎帝、蚩尤等)。公元前221年,秦王嬴政统率秦军灭掉战国七雄中的最后一个强国齐,统一全国,结束了中国历史上长期分裂割据的局面,建立了第一个统一的中央集权的封建帝国。他自认为是"德兼三皇,功高五帝",将"皇""帝"两个人间最高的称呼结合起来,作为自己的帝号,从此统一天下的帝王就称为"皇帝"。

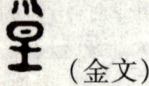（金文）

皇帝的"皇"字最早见于金文,金文中的"皇"字是个象形字,如图所示,上面的三点,像灯光参差上出之形;中间的部分像灯缸;下面的"土"是灯柱。有的学者认为"皇"是"辉煌"的"煌"的本字,加"火"作"煌","皇"字的本义为"灯火辉煌"。

秦始皇称帝后,将金文的"皇"字作为自己的专用字,由"白"和"王"两字构成,会意字。《说文解字·王部》:"皇,大也。从自,自,始也。始皇者,三皇大君也。自,读若鼻。"许慎认为"白"为古"自"

字,即古"鼻"字。有学者认为"皇"字中的"白"字实际指大拇指正面的形象,它表示至高无上的权力,因此,"白"字和"王"字组成"皇"就指权力。

关于"皇"字有这样一个故事:朱棣是明太祖朱元璋的第四子,被封为燕王。朱元璋死后,其长孙朱允炆即位,朱棣觊觎皇位已久,蓄谋篡夺侄子的皇位。当时有个跟朱棣关系密切的和尚,法号道衍,看出了朱棣的心思,有意协助朱棣,却又不便直说,为了暗示他的心意,便给朱棣送去一顶白纱帽。朱棣接到白纱帽后,思索良久,恍然大悟。原来,道衍是用实物谜的手法来表达自己的意愿,因为朱棣是燕王,在"王"的头上戴一顶"白"帽,不就是个"皇"字吗?果然,朱棣在道衍的辅助下,最终如愿夺取了皇位。

"师"的各种含义——"师"字趣说

《诗经》中有"我徒我御,我师我旅"。意思是:无论是步行或驾车,我的部队是成师又成旅。这里的"师"字是军队编制的单位,这与我们平时"师"字最常用的"老师"之义不太一样,那么,"师"字的原意是什么呢?

𠂤(甲骨文)　𠂤(金文)　師(小篆)

如图所示,"师"字从帀,从𠂤。𠂤(duī)是小土山,帀(zā)是包围。四下里都是小土山,表示众多。"师"字为会意字,本义为古代军队编制的一级。《说文解字》中说"二千五百人为一师",这是周朝军队的编制。

也有的学者对"师"字有不同的理解,他们认为,"师"为形声字,左面部分表音,原读"堆",又读"诗";右面部分原是一幅丝帛形,也是古代系在腰间前"围裙"样的"佩巾"的形象。后来,这种腰前佩巾成了有地位的高贵的人穿的"命服"(即古代官员按其等级所穿的礼服)的一部分。古代老师很有地位,所以也要穿"命服"。

"师"字最常用的意思是"老师""教师"等,我国汉代文字学家许慎在他所著的《说文解字》一书中是这样说的:"师教人以道者之称也。"意思就是说:"师"这个字,就是人们对那些"教人们懂得道理的人"的称呼。教师一般指直接从事教育工作或其他传授知识、技术的人,也用来泛指在其他方面值得学习的人。从史书中看,先秦时期就有师傅、师长、先生等称谓,一直沿用至今。至于"老师"原是对年辈最高学者的称呼,比如,我国汉代著名历史学家司马迁在他所著的《史记·孟子荀卿列传》中说:"齐襄王时,而荀卿最为老师……"到后来,人们就习惯地把"老"和"师"并称,也不再管年龄的大小,一概称"教"师为"老师"。

古代还有一种官职叫"太师","太师"指两种官职,其一,古代称太师、太傅、太保为"三公",后多为大官加衔,表示恩宠而无实职,如宋代赵普、文彦博等曾被加太师衔。其二,古代又称太子太师、太子太傅、太子太保为"东宫三师",都是太子的老师,太师是太子太师的简称,后来也逐渐成为虚衔。

问鼎中原——"鼎"字趣说

据历史记载,公元前11世纪,武王伐纣取胜,建立了周朝。当时,他把国土分封给自己的亲属和有功之臣,形成了许多诸侯国。到了周定王时期,诸侯势力兴起,互相争夺霸权。楚国的楚庄王即位后,灭了庸国,打败了宋国,还带兵攻打陆浑的戎族。当他途经周的都城时,将所有部队摆开,向周定王显示武力,周定王连忙派大夫王孙满到城郊去慰劳楚军。

楚庄王咄咄逼人,劈头就问王孙满:"我听说大禹铸有九鼎,五代相传,为传世之宝,现在陈列在洛邑,不知鼎的形状怎样?大小与轻重如何?"

王孙满回答道:"夏、商、周三代是靠德来维持的,哪里是靠鼎呢?以前大禹统治天下的时候九个州都送来了州产的青铜,铸了九鼎。夏桀无道,鼎为商所有;商纣暴虐,鼎又传到了周。如果有道德,鼎虽小也重,若没有道德,鼎虽大

青铜鼎

也是很轻的。现在周天子的地位虽然衰弱了,但还不到被人取代的时候,鼎的轻重,你还是不要打听了吧。"

听了王孙满义正词严的一席话，楚庄王打消了非分之想。他也自知没有取代周室的实力，只好偃旗息鼓，告辞而去。

这就是词语"问鼎"的由来，问鼎之大小轻重，表明了楚王觊觎王位，企图夺取周天子的王位。此后，"问鼎"便成了阴谋夺权的代名词，而建立新的政权或建立新的都城则均称"定鼎"。

鼎为何物，竟有如此深刻的政治内涵？

据说，鼎在原始社会是炊具，或是盛食物的器皿，多用陶土制成。后来，商周时代冶金技术发展起来，鼎就用青铜浇铸了。这时的鼎成为贵族权力的象征和等级的标志，统治阶级常把鼎用作表示尊严无比的庙堂礼器，而这种礼器只有国君才可以拥有，其上常刻字，因此鼎又成为记录和表彰勋绩的礼器、镇国之宝，鼎成了王权的象征。

鼎既为镇国之宝，作为威力无比的象征，由此便引申出"大""盛大""最""显赫"等义。如称力大为"鼎力"；称元老重臣为"鼎臣"或"鼎席"；称才能出众，罕有人能匹敌为"鼎能"；称名门望族为"鼎姓""鼎族"等。

"我"的假借——"我"字趣说

我国古代，第一人称最初多用"吾""予""余"表示，"我"字作为第一人称代词直到后来用法才渐多。那么，"我"字最初指什么？清代甲骨文出土后，"我"便露出了庐山真面目，联系古金文中的许多"我"一考察，学者们终于发现，"我"原来是种兵器的形象。

（甲骨文）　（金义）　（小篆）

如图所示，甲骨文"我"字像一种长柄而带齿形刃口的兵器，这种兵器是用来行刑杀人或肢解牲口的。这种兵器后世罕见，所以"我"字本义也不常用，后来就借用为第一人称代词，指自己、自己的。

说"我"是一种兵器，还可以从出土的文物中得到佐证。1978年，湖北随州市曾侯乙墓中出土了一种类似三戈戟的兵器。有的学者叫它多戈戟。学者们较一致地认为这种三戈戟就是"我"。因此，学术界初步认定作为第一人称代词的"我"的本义，其实是古代的一种三戈戟的象形字，而且认为这是一种杀伤力很强的武器。

有的学者认为,"我"用于第一人称代词是一种假借现象。对此有的学者提出了不同的看法。他们认为,从"我"字来看,"我"是一种兵器,说明作为表人的"我"与指兵器的"我"是有联系的。私有制出现后,人与人、部族与部族之间的争夺便开始了,为了保卫"我"的权利与尊严,是要靠武力的。由于古人要用兵器来捍卫个人的利益与尊严,于是"我"便引申为第一人称代词。

四千人为军——"军"字趣说

古代军队的最大编制单位,西周以前是"师",春秋以后才有"军",因此,甲骨文中没有"军"字,"军"字应当是春秋以后才出现的。

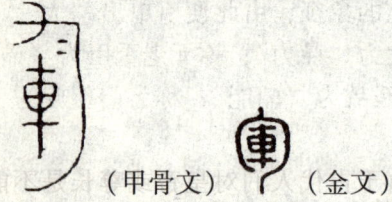
（甲骨文）　（金文）

"军"字为会意兼形声字,如图所示,金文"军"字从车,从勺（环臂有所包）,会以车环绕意,勺也兼表声。篆文变为从勺,隶变后楷书写作軍,如今简化作军。《说文解字》云:"军,环围也。四千人为军。从车,从包省。军,兵车也。"上古时候,车不仅是普通的交通工具,还是重要的战具。古代车战时,休整的时候要把车围起来扎营,防止敌人侵袭。"军"的本义为以车自围扎营,即驻军。引申为"包围"之义,用作名词,指"营垒""士兵""军队"等。军,如今既可单用,也可作偏旁。凡从军取义的字皆与军事活动等义有关。

在现代社会,军是现代陆军的编制,由若干个师或者旅组成。在现代军队编制中,军作为一个战略单位,一般用于完成特定战役中的军事或勤务任务或者担负战略任务。在编制上通常由多个技术兵种混合编成。军的指挥官称为军长,军衔一般是中将或者少将。一般兵力在3至5万人左右。各国有所不同,就是在一个国家每个时期也有变化。如果编制兵力在10到30万人左右,就组成了军的另一种编制——集团军,在战时也有叫方面军的,如红军第四方面军,它的最高统帅也是军长（有时为司令）。

民贵君轻——"民"字趣说

两千多年前,伟大的思想家孟子曾提出"民贵君轻"的思想,孟子时代,"民"的意思是百姓,指有别于君主、群臣百官和士大夫以上各阶层的庶民。那么,在"民"字最早被创造的时代,"民"为何意呢?

(甲骨文)　　(金文)

如图所示,金文的"民"字,上面是一只左眼,下面是一个像锥子一样的利器刺向眼睛。这代表什么意思呢?原来,上古时代,奴隶主为了管理、奴役奴隶,防止他们造反,往往采取极其残酷的镇压手段,对比较难驯服的奴隶,奴隶主会刺瞎他们的左眼,强迫他们为自己劳动。"民"字本义就是奴隶,后来引申指被统治者,其中包括奴隶和平民。现代指有别于军人和政府工作人员的人民群众。

唐朝唐太宗的名字为李世民,由于古代人们对皇帝或尊长是不能直呼或直书其名的,因此对李世民名字中的"民"字也实行避讳。例如从隋朝其设立的三省六部制,其中一个是民部,唐太宗时期,因为民部的民字与李世民的民字相犯,为避讳将民部改为户部,而且有唐一代凡涉及"民"字时,均用"人"字或者其他字代替。唐亡后,民字不用避讳,开始继续使用,而户部一称已约定俗成,所以此后历代沿用不改。

征伐示威——"武"字趣说

人类自古就有尚武的精神,历史上,无论是希腊、波斯、罗马,还是我国古代的大秦、大汉和大唐,尚武精神无不为民族的强盛提供了巨大的推力。那么,"武"字是怎么来的呢?

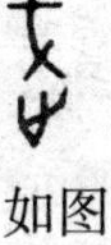

(甲骨文)　　(金文)　　(小篆)

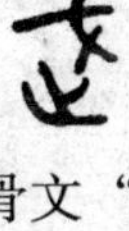

如图所示,甲骨文"武"字上面是"戈","戈"是古代作战时用的兵器,在这里代指交战用的武器;下面是"止",为脚,在这里表示"行走""行动"。可见,"武"字是由"戈"和"止"组成的会意字。于省吾先生在《释武》中说："武从戈，从止，本义为征伐示威，征伐者必有行，'止'即示行也。征伐者必以武器，'戈'即武器也。"现在，"武"的主要义项是"军事""勇力"。"武"字在很多意义上与"文"构成意义相反的一对词语，如文臣武将，煎熬中药的时候也有文火与武火之分。

《说文解字》把"武"解释为"止戈为武"，从文字学的角度来看，这种解释是不科学的，但从文化的角度看，却可以反映古人对"武"的观念。在古代，作为一种抽象的道德观念的"武"，其内涵是极为丰富的，其中有武力的一面，但武力是用来制止武力的。就军事领域来说，"武德"也并不就是单指打仗取胜，能够用正确的态度对待战争和善于制止战争都叫"武"。

"武"字一直是勇武、威武的代名词，也可泛指武功、武力与军事。古代"谥法"中，凡是"刚强理直""威强睿德""克祸定乱"均可谥"武"。历代帝王中，凡以战功著称的，都带有武字，殷商时候有武丁、武乙，周有武王，西汉有汉武帝刘彻，东汉有光武帝刘秀等。

"武"还用作姓，其始祖为周平王的幼子姬武。据《姓纂》一书载："周平王少子生而有文在手，曰武，遂以为氏。"其意思是：东周迁国都于洛阳的周平王的小儿子姬武刚出世时，人们发现他的手掌中有一种特殊的纹理，看上去就像一个"武"字，因此，就给他取名"武"。不仅如此，他后来的子孙也因此以"武"为姓。也有人认为以"武"为氏，其先祖一定是尚武者，此说也有一定的道理。

权力之斧——"王"字趣说

上古时期斧子在先民的狩猎和采集生活中是一种重要的劳动工具，在部落之间的冲突或战争中也是一种重要的武器。随着部落首领权力的不断扩大，他们所使用的斧钺逐渐演变成一种象征权威的兵器，因此，古人造字便以这大斧作为权力的象征，作为"王"字，以下是"王"字的发展演变。

（甲骨文）　　（金文）

王（小篆）　王（隶书）

甲骨文"王"字是个斧头的形状，上端表示斧柄，下端表示斧头的刃。金文"王"字的形体和甲骨文基本一致，只是下端表示斧刃笔画更粗，更像实物。到了小篆阶段，表示斧柄的两横还在斧头顶，但斧身和斧口却已经变形，在这个基础上发展到隶书的"王"字，已经看不出半点斧头的形状。

对于"王"字的解释，历来都有不同的看法。有的说，三画而连其中所谓之王，三者天、地、人也，而参通之者，王也。有的说，"王"的甲骨文像人立地上，这人是个有地位的人。不管怎么说，"王"都是权力的象征。

秦失其鹿——"鹿"字趣说

楚汉争霸时，齐地有个叫蒯通的辩士，认为天下的胜负将取决于韩信，于是假扮看相之名，前去游说韩信。蒯通见到韩信后，说："将军难道没有听说过勇略震主者身危、功盖天下者不赏的道理吗？将军如今既有震主的威名，又挟难赏的大功，若不自立为王，何处是你的归宿呢？"

韩信听了，连连推辞道："请你不要再说了，汉王待我不薄，我怎么能见利忘义呢？"于是，韩信谢绝了蒯通的建议。

后来，刘邦依靠韩信灭了项羽。但汉朝建立后，刘邦反而不信任韩信，解除了他的兵权，而后贬职为"淮阴侯"。韩信对此非常不满，暗中联络在巨鹿（今河北平乡县）驻防的陈豨，伺机起事。陈豨不等时机成熟，就提前宣布反对刘邦。刘邦亲自领兵去讨伐，韩信装病，暗中准备做内应，结果吕后和丞相萧何知道消息后，设计把韩信骗进长乐宫抓住，并以谋反的罪名把他杀了。

后来，刘邦下令抓来蒯通，要治他死罪，对他说："你鼓励韩信反叛我，我今天杀死你，你还有何话可说？"蒯通面无惧色，十分镇静地说："人各为其主，那时候我只是效忠韩信，并不是效忠你呀！再说，当初秦朝法度败坏、政权瓦解之时，诸侯并起，这种情形犹如秦朝失去了它的鹿，天下人都来追逐它，谁有本事谁先得到它。与你争天下的人很多，他们因为力量不够而失败，你尽可以杀掉他们！如今你要杀我就动手吧。"刘邦听了蒯通这一番话,觉得也有道理,便赦免了他的死罪。

以上故事就是成语"逐鹿中原"的典故,这则成语的意思是指群雄并起,争夺天下,比喻很多人为夺取政权而争战。其中,"鹿"喻指"帝位""国家政权"。

鹿何以指政权?这要从商王武丁逐鹿说起。

鹿全身是宝,除皮肉可供衣食用外,鹿血、鹿茸、鹿骨等都是极名贵的中药。由于这些原因,商王武丁特别喜欢逐鹿,为了逐鹿,可以一连数日奔走在中原大地上,不理朝政。从商王武丁开始,"逐鹿"活动一直深得历代帝王所爱,又由于在古时候,鹿是一种珍贵的动物,只有一定级别的贵族才有逐鹿的资格,帝王失去了猎鹿的资格,也就是失去了"帝位""政权",于是,"逐鹿"之举便成为历代政治家争夺政权的代名词。

鹿有美丽的外形、温驯的性格,被人们看成是瑞兽。自古以来被看做友善的象征。人们常用鹿肉招待客人,诸侯之间常用鹿皮作为礼物互相赠送。《诗经》中有一篇《鹿鸣》,写的是周文王大宴群臣及宾客的场面,其中写道:"呦呦鹿鸣,食野之苹,我有嘉宾,鼓瑟吹笙。"用"呦呦鹿鸣"比兴宾主之间的倾心交谈、相互呼应。后来,古人称招待嘉宾之宴为"鹿鸣宴"。

随者从也——"随"字趣说

中国历史上的"隋朝"的"隋"本为"随",后来将"随"改为"隋"是杨坚所为。公元581年,杨坚迫使北周静帝让位,自立为皇帝,史称隋文帝。杨坚的父亲杨忠,在宇文泰初置府兵时,是十二将军之一,被封为随国公(随国在现在的湖北随州市一带),杨坚继承了这一爵位,所以他当皇帝以后就定国号为"隋"。因为他过去亲眼看到魏、周、齐始终动荡不安,害怕自己也会有同样的遭遇,所以他十分忌讳"随"字中的"走"义,觉得它不吉利。他当皇帝后就下令把"随"字改写成"隋"。他认为这样江山就不会随别人"走",可以使自己的统治千秋万代永不改变。这样,杨坚所建的朝代就叫隋朝。

东汉许慎的《说文解字》中也说:"随,从也。"所谓"从"就是跟从、随从,也就是跟着别人走。"随"的本义是"跟随别人走",其中有受别人支配之义,因此"随"引申出"顺从""听从""追随"的意思。

历史上还有这样一个关于"随"字的谜语,谜面是:"上有一半,下有一半,中空一半,除去一半,还有一半。"这个字就是繁体的"随"字(隨),"上有一半"意思是上头是"有"字的一半,即"十";"下有一半",意思是下面也是"有"字的一半,即"月";"中空一半",意思是当中是"空"字的一半,即"工";"除去一半",是"除"字去了一半,即"阝";"还有一半"是"还"字有一半即"辶",把这些"一半"拼起来,就是"随"字。

日月当空,普照大地——"曌"字趣说

唐朝女皇武则天时期,有个叫宗秦客的,凭借他是武则天亲戚的特殊身份,担任凤阁侍郎(掌管宫廷门户、随从皇帝)的要职。为了讨好武则天,宗秦客挖空心思,特地新造了"天""地"等12个字进献。

武则天得悉宗秦客特为自己造字,满心欢喜,立即召见了他。宗秦客迎合了她喜欢标新立异,爱好改字、造字的癖习。她在称帝后,有的臣子经常向她献造的新字,而且还说造了新字可以显示国家大治。

宗秦客向武则天进献新造的12个字中有"曌"一字,武则天非常欣赏"曌"字,就用它作为自己的名字。从此,"曌"字就作为我国历史上唯一的女皇帝武则天的专用字被载入史册。"曌"字读 zhào,据《集韵》所释,"曌"的意思为"明"。"曌"字上部为"明","明"由"日"和"月"字组成,表示武则天像日月一样,永远熠熠生辉,光照大地。其下为"空"字,"空"指无边无际的天空。"明"和"空"所含的意思是:日月当空,普照大地。可见武则天所造"曌"字,并非只是"明"的意思,其意义较之"照"字更丰富。

执旗行进——"游"字趣说

古代重大的户外活动或军事行动,都要大张旗鼓以壮声威。在小说或者影视作品中我们经常可以看到这样的镜头:古代战场上两军对垒时,双方擂鼓助威、摇旗呐喊,放眼望去,战场上旌旗飞扬。中国从原始社会后期起即以旗帜作为聚集族人的标志。当时的旗帜样式简单,只是系

在竿头上的象征性物件或图形。而"游"字的来历，也与古代的旗帜有关。

𣃚（甲骨文） 𣃚（金文） 游（小篆）

"游"的本字为"斿"，如图所示，甲骨文和早期金文的"斿"字，像一人手持大旗在行走，大旗上方旗幅飘扬的样子。它的本义为执旗行进，又特指旗幅上的飘带饰物，后来，金文出现了加"止"形的"遊"，表示行动之义。至于小篆中从水斿声的游字，则是表示在水中浮行的意思。但今天不论是"游"义还是"遊"义，都只用"游"字了。

另外，古代帝王所戴的皇冠前后下垂的玉串，也叫"斿"，亦称"旒"。这种旗上飘带的数量和颜色，按《周礼》的规定，地位越高，旗斿越多：天子十二斿，公爵九斿，侯、伯七斿，子、男五斿。殷商时代，商王所圈定的狩猎地区，也叫做"斿"。

"往"字去左边——"主"字趣说

一国或一家之长，对"臣""奴""仆"有统治和使唤权力的，便叫做"主"，这样一个抽象的概念是如何造字取象的呢？

木（甲骨文） 主（金文） 主（小篆）

如图所示，甲骨文的"主"字字形，像一堆点燃的火把，下面是木材。到了金文时期，"主"字仍保留了燃烧的火焰形象。小篆的"主"字，像一盏油灯之形，上面的一点代表灯芯上燃烧的火苗。"主"是"炷"的本字，本义即指灯台上的火焰。"主"字后来为主人、家长以及主持、掌管等义，由此派生出"君主""上帝""主要""主持""主张"等引申义来。后来，"主"本是灯台上的火焰这一本义逐渐不用了，人们便另造"炷"代替它的本义。

关于"主"字有这样一个故事：明朝时候，徐霞客为了编修《徐霞客游记》，走遍大江南北，历尽千辛万苦。一天，他翻过一座山后，来到一处岔路口，见眼前有左、中、右三条路，他不知该往哪条路上走。正在为难之际，迎面走来一个书童，徐霞客忙走上前问路，书童看了一他眼,没吱声,随手在地上写了一个"主"字,转身就离开了。徐霞客低头略一思索,恍然大悟。于是,他按照书童的提示,沿着左边那条路走去。

原来,"往"字去掉左边即成"主"字,因此书童写"主"的意思是往左边去。

以手割耳——"取"字趣说

据《左传·宣公二年》记载,郑国公子归生接受楚国的命令攻打宋国,结果宋军大败,郑军囚禁宋国的华元,俘虏了250人,割下了被打死敌人的100只耳朵。

为什么要割下耳朵?其实,这是古代统计战功的方法。先秦时,双方交战,获胜的一方常常割下敌人的左耳,以左耳的数量来衡量功绩。"取"字就记录了这一种统计战功的做法。

(甲骨文) 　(金文)
(小篆) 　(隶书) 

如图所示,"取"字甲骨文的写法描绘的是一个人用手割取另一个人的耳朵。金文和小篆的"取"字均与甲骨文"取"字的结构相同,只不过耳朵的形状已大大走样了,"取"字形体到隶书时已基本固定。

因为"取"的本义是捕获战俘,杀死敌人后割耳朵,是"获"意,所以后来便从这本义引申出'捕捉''擒拿''获得''接受''收取'(如"取之于民,用之于民")、'选取''择定'(如"取景""取道")、'拿''拿出''战胜''收复'等义。

第十一章　汉字里的避讳及文字狱

为圣人避讳

清代雍正年间，有个县官正在大堂办公事，外面进来两个人打官司。这两人，一人姓王，一人姓邱。姓王的说："十年前，自己买了姓邱的两间厢房，因姓邱的家里女孩子多，暂借住在自己买的两间厢房里。后来，姓邱的女孩子长大后出嫁了，自己要求收回这两间厢房，姓邱的却不承认自己卖出过这两间厢房。"县官问："有证人否？"王答："证人已死。"县官问："有证据否？"王就拿出买房证据。证据中写明了邱家卖房的原因，后面又有邱××、王××和证人的签名，最后又写明时间为康熙五十五年（1716年）。县官知道康熙是雍正父亲的年号，又看了带有耳旁的"邱"字，就说这张证据是假的，房子应该是邱家的。"邱"姓在清代以前为"丘"，以"邱"为姓是从清代雍正皇帝开始的。雍正三年（1725年）十二月，雍正皇帝为笼络人心，颁诏"尊师重道"，认为用"丘"作姓犯了"圣讳"，所以将"丘"姓改为"邱"姓。这个县官是根据"邱"字的使用时间来定案的。

圣讳，指为圣人避讳。圣讳并不像国讳、家讳那样严格，那样广泛。在封建时代，既有朝廷规定的圣人讳，又有人们自发的为圣贤避讳。

有关朝廷所规定的圣人讳，最早大概是在宋代，而且这时所说的圣人的范围大大扩大。它包括中华民族的始祖黄帝，宋代帝王赐封的"至圣先师"孔子以及"亚圣"孟子，甚至还有周公等也列入避讳之列。以"道君皇帝"自称的宋徽宗，迷恋道教，把老子也列入避讳之列。宋大观四年，为避孔子讳，朝廷规定改瑕丘县为瑕县、龚丘县为龚县。因老子名耳，字伯阳，谥号聃，为避老子名讳，规定百姓不能用这些字做名字。

在所有的圣人当中，其名讳避得最广泛、时间最久的是孔子。孔子名丘字仲尼，从宋代到清代，人们对"丘"字一直避而远之，写起来或缺一笔成"斤",或写作"某",或用朱笔圈之。读起来或读为"区",或读作"休",不一而足。甚至,连孔子的母亲的名"徵在",也列入避讳之列。统治者如此推崇圣人,无非是想借助其学说来加强对人民的统治。

在民间也有自发地对圣贤避讳的现象。宋人郑诚非常敬仰孟浩然,有一次他经过鄢州浩然亭时,感慨地说:"对贤者怎么能够直呼其名呢?"于是,把浩然亭改为孟亭。扬州人直到现在还习惯把蜂蜜叫"蜂糖",因为,唐朝时杨密曾在扬州担任过地方官,为了避他的讳而将蜂蜜说成"蜂糖"。

受法律保护的家讳

唐代大诗人杜甫被称为"诗圣",一生共写了近三千首诗,题材十分广泛,但据说因其母亲名叫海棠,所以他虽寓居海棠颇负盛名的四川多年,却从未写过海棠诗。《红楼梦》中,林黛玉在写到"敏"字时总少写一笔,读作"蜜",因为林黛玉的母亲名字是"贾敏"。杜甫和林黛玉之所以这样做,起因于古代的家讳。

所谓家讳,就是在日常言谈或行文用字时,要求回避父祖以及所有长辈的名字。在中国人的心目中,家族的血亲祖先是最重要、最该供奉的,父祖被认为是宗族或家族血统的象征。正是出于这种敬祖的思想意识,中国人的家讳思想根深蒂固。

由于家讳体现了封建伦理道德,所以在一定程度上得到了封建礼法的承认。《礼记·曲记》上说"入门而问讳",就是说到别人家做客之前一定要探明人家避讳什么,否则便是没有礼貌的表现。例如,南齐谢灵超的父亲叫凤,有一次他去拜访王僧虔,然后又去看他的儿子王慈。王慈正在练毛笔字。当时王氏子都以书法见称于世。谢灵超看到王慈练字,随口问道:"你的书法和虔公比怎么样啊?"王慈因为他触犯了家讳,毫不客气地回敬道:"我和父亲相比,犹如以鸡比凤。"谢灵超因此狠狠而退。晋朝有个叫王忱的人,一天去看望桓玄,桓玄用酒招待他,王忱因为刚服过药,忌冷酒,因此叫仆人去"温酒",谁知桓玄听后突然大哭起来,原来他的父亲叫桓温,一听"温"字他就要痛哭流涕,王忱讨了个没趣,只好匆匆告辞。

家讳是受法律保护的。《唐律》中规定：凡是官职名称或府号犯了父祖的讳，不得"冒荣居之"。例如，父祖中有叫安的，不得在长安县任职；父祖名中有"常"的，不得任太常寺中的官职。如果本人不提出更改而接受了官职，一经查出后削去官职，并判一年的刑罚。最倒霉的是唐朝号称"诗鬼"的李贺，因为他父亲名叫晋肃，李贺便不能参加进士考试，纵然他才华横溢，也终无用武之地，终生不得志，27岁便郁郁寡欢而死。

子辈需要避长辈的讳，奴仆也要避开主子的讳。北齐的熊安全，一次去见和士开、徐之才。徐父名熊，和父名安，他因为自己的名字和他们犯讲讳，于是将自己的姓，名的第一个字都改了，自称为觫觫生。为了讨好主子，也不怕自己触霉头了。《红楼梦》中这样的例子很多。林之孝的女儿原名红玉，因为犯了宝玉的讳，只好改为小红。薛蟠的老婆叫夏金桂，更是厉害。"她在家时，不许人口中带出金桂两个字来，凡有人不留心，误道一字者，她便定要苦打重罚才罢。"一日她与香菱说话，香菱不小心忘了忌讳，金桂的丫环便说："你可要死！你怎么叫起姑娘的名字来？"

在古代，由于家讳没有国讳那样神圣，人们避家讳，只是在说话写字当中临时避讳，而不会去改变地名、物名、官名等固有的名称。不过，历史上也有朝廷会为臣下避家讳而不惜改换字。例如，宋人周密的《齐东野语》记载："后唐郭崇韬父名弘，以弘文馆为崇文馆。建隆间慕容彦钊、吴廷祚皆拜使相，而钊父名章，廷祚父名璋，朝廷改中书门下平章事为二品。绍兴中沈守约、汤进之二丞相父皆名举，于是改提举书局为提领书局。此则朝廷为臣下避家讳也。"不过，这种朝廷为臣下避家讳之事，归根结底，是统治者为了取得权势大臣的支持、维护自己的统治。

自古帝王有国讳

鲤鱼是有名的美味佳肴，唐朝法律中却明文规定：鲤鱼要叫"赤鲟公"，严禁捕食；若偶然捕获，必须马上放生，出售者要打60大板。

唐代统治者为何禁止人们品尝这种美味呢？这就体现了中国历史上所特有的避讳制度——国讳。

国讳是指避皇帝及其父祖的名讳、字讳，前代年号讳、帝后谥号讳、乃至陵墓及帝王的生肖之类，是封建王朝统治下的臣民必须严格遵循的，甚至连皇帝也不能例外。国讳从秦代开始，历代都严格遵守，这已成为维护封建统治、维持最高统治者的尊严和地位的一种必备手段。通常，臣民们都不可以直呼皇帝及其长辈的姓名。这种神圣的国讳，甚至具有法的性质。《唐律疏议》中就规定：故意直呼皇帝的名字就是犯了"十恶"之一的"大不敬"罪。

严格的避讳制度与讳禁条例，构成了中国封建专制统治的一个特殊画面。唐朝皇族姓李，根据避讳制之中的"嫌名"原则，"吃鲤（鱼）"也就是"吃李"。在执政者看来，这不仅是大大的"不敬"，而且是对李氏王朝公开的挑衅，于是就有了一个禁止捕鲤的通令，鲤鱼被尊称为"赤鲟公"。

据《左传》等史书记载，避讳大约起源于西周，秦汉时期渐渐完备。1975年底，湖北云梦县睡虎地出土的秦代《语书》竹简之中，有"以矫端民心""毋公端之心"等文。在这之中的"端"本应是"正"，这显然是因为避讳秦始皇名字中的"政"而改的。

汉代时，为避汉高祖刘邦的讳，"邦"变成了"国"；吕后叫吕雉，雉就成了"野鸡"了；为避汉文帝刘恒的讳，"恒山"被改成了"常山"；汉代著名大臣蒯彻，因为汉武帝叫刘彻，只好改名叫蒯通。最严重的是，东汉明帝叫刘庄，姓庄的只好改姓严。

唐宋时，避讳的禁令则更加严格，不只当世皇帝的名号不允许有丝毫的触犯，连已死皇帝的庙号也要避讳。唐代为了避唐高祖李渊的讳，将晋朝《桃花源记》的作者陶渊改成陶泉明；唐代哲学家李翱的《平赋书》中有一句"为政、理人"，让人颇有些难解。原来"理人"其实应为"治民"，只因为唐高宗叫李治、唐太宗叫李世民，"治民"只好变作"理人"；唐高宗太子李弘死后，被追封为孝敬皇帝，姓弘的因而改为姓洪；唐代姓姬的为了避玄宗李隆基的讳，只好改姓周。

到了清朝，尤其是雍、乾之世，讳禁之严格，更是登峰造极，触犯讳禁成了文字狱中重要的判刑根据。

乾隆年间，江西举人王锡侯批评《康熙字典》收字太多，难以贯穿。于是他自己花费了很多时间和心血，用字义贯串汉字，编成了《字贯》一书，以弥补《康熙字典》的不足。没想到被江西巡抚海成以私造典籍罪向皇上告密。乾隆皇帝亲自审查了《字贯》，见书中对康熙、雍正、乾隆等字没有避讳，勃然大怒，认为这是大逆不道，罪不容诛，结果王锡侯被满门抄斩。告密者海成及其上司也因未看出此书有避讳而受牵连，革职治罪。

这种现象一直延续到了民国初年。袁世凯搞了帝制复辟后，大肆实行避讳。北京煤铺上原有的"元煤"两字，都一概涂掉，因为"元煤"与"袁没"谐音。"元宵"也成了"汤元"，怕真的"袁消"了，但袁世凯还是没当满三个月的皇帝就"消失"了。

封建帝王之所以避讳他们的名字，既有政治上的原因，又有历史文化的原因。

从政治上看，封建帝王处于至高无上的地位，为了保持他们神圣、至尊的威严，连他们的名字也不许臣民随意呼叫。谁要冒犯了，便是不恭、不忠、不孝，便要无情地进行惩罚。

从历史文化的角度看，封建时代的中国臣民受历史意识潜流的影响，对名字有一种迷信思想，认为说出了帝王及其尊祖的名字，便是对他们的亵渎、轻视。

不敢说，可不敢说

北宋时，有个州太守名叫田登，为人心胸狭隘，专制蛮横。因为他名"登"，所以，不许州内的百姓说到任何一个与"登"同音的字。谁要是触犯了这个忌讳，便要加上"侮辱地方长官"的罪名，轻则挨板子，重则判刑。

一年一度的元宵佳节要到来了，按照以前的习惯，州里要点三天花灯表示庆祝，州府的衙役贴出告示，让百姓按时来观灯。这次可让出告示的小官感到为难，用"灯"字要触犯太守的忌讳，不用"灯"字意思又表达不清。想了好久，写告示的小官灵机一动，把"灯"字改成了"火"字。这样，告示上就写成了"本州依例放火三日"。告示贴出后，百姓们看了都很惊慌，以为官府要在城里放三天大火，纷纷收拾行李，争着离开这是非之地。

这就是"只许州官放火，不许百姓点灯"的由来。同时，也反映了我国古代一种特殊的避讳——官讳。"官讳"是权势的产物，它体现的是封建社会中的等级观念，在封建礼法上并没有明文规定。官讳有以下两种情况：

一是一些官僚自恃权势，私下规定某一范围的人避他的名讳，这在封建社会里，被称为"自讳其名"。例如下面这个故事：宋徽宗宣和年间，有个名叫徐申的徐州知府，自讳其名。一次，州属某邑有位县官向他回报公务，陈述道："有件事一申再申，已经三次申报察署，也没听到回音。"徐申大怒，责备道："你是县官，难道不知道我的姓名？竟然有意不避讳！"谁知那县官是个务实而不肯拍马屁的人，干脆大声禀报："为民请命，应该申，必须申，非申不可！如果这件事申报府署不作处理，我便要申报到中央户部，申报到尚书台，申报到尚书省，申来申去，直到申死才罢休。"说完，拱手而别。徐申虽然怒火攻心，也只是长嗟短叹，却无法定他的罪名。

官讳的另一种情况是，有时上级长官或有权有势的人并没有明说，但一些下级官员或身份低微的人却敬畏他们的权势，或出于对他们的尊敬，避其名讳。有关这种情况，历史上也曾有过一些笑谈。例如，五代时期，有一个叫冯道的人，曾做过几个朝代的宰相。他曾经提倡雕版印制，对古代文化的传播起了促进作用。有一天，冯道令一个门客讲老子的《道德经》。《道德经》中的第一句就是："道，可道，非常道。""道"与冯道的"道"同形同音。"道"乃官讳，门客敬畏主人的威望，于是就念道："不敢说，可不敢说，非常不敢说。"冯道听了，也不觉笑倒。

秦桧恶名，人人远之——恶人讳及其他

秦桧死后，据说天下再没有叫"桧"的人了，这是因为人们痛恨秦桧，一看到"桧"字，就想起秦桧陷害岳飞的典故。这种避讳，就是"恶人讳"。

古代的避恶人名，有时是君臣、官民同仇敌忾而共避之。如明太祖顾及元朝卷土重来，把"元来"一词改为"原来"。而民间也讨厌元朝，《野获编补遗》卷一记载："明初贸易文契，如吴元年，洪武元年，俱以'原'字代'元'字。盖民间追恨元人，不欲书其国号也。"隋大业四年，由于讨厌胡人，隋炀帝下令将胡瓜改为黄瓜，民间深受胡人骚扰之苦，于是纷纷响应，黄瓜一名辗转流传到今天。

古人的忌讳还有很多，最突出的是对于"死"字的忌讳。死，是一

个令人忌讳的字眼。出于感情表达的需要，人们常常使用一些讳饰的说法。《礼记·典礼下》云："天子死曰崩，诸侯曰薨，大夫曰卒，士曰不禄，庶人曰死。""填沟壑"是一般人对死的自谦说法。现代人常用"牺牲""就义"等来描述英雄的死亡。对于一般人，则用"老了""去了"来婉称"死"。近年来，由于人们忌讳"死"字，随之也开始忌讳跟"死"字谐音的"四"字，电话号码、汽车牌照、门牌号码等都忌讳"四"字。

从一定意义上说，避讳也是一种运用语言文字的艺术。历史上，也有人运用巧妙的避讳术，既避开了那些忌讳的字眼，又表现出了含蓄文雅又生动有趣的效果。例如，唐朝兼御史大夫韦伦，奉命出使吐蕃，以御史荀曾为判官。已经走了好几天了，有人对韦伦说："吐蕃讳狗，大夫带着一个荀判官，怎么可以与吐蕃求好？"临时换人已经来不及，韦伦就令荀曾改名苟曾。出使回来后，韦伦把这事上奏皇上，皇上令改"苟"为"荀"。此后，荀曾就姓荀，不归旧姓。明代冯梦龙的友人华济之曾告诉他，他们那个郡的郡守忌讳得厉害。刚上任时，有个名叫丁长孺的前来谒贺。因为"丁"有"丁忧"之意（指父母丧事），郡守担心沾上晦气，再三拒绝接见他。门房的仆役只好把"丁"改为"千"，再次通报，郡守才欣然接见。

受患只从读书始

据说，仓颉先生造字，"天雨粟，鬼夜哭。"对于小鬼们为何因为仓颉造字而在夜里哭泣，清代诗人吴梅村解释得极为有趣："仓颉夜哭良有以，受患只从读书始。"

历史上有文字记载的统治者最早控制言论的事件发生在周厉王时期，相传周厉王横征暴敛，荼毒生灵，举国上下怨声载道。史家记载道："国人谤王。"周厉王搜罗了一群卫巫充当秘密警察，监视人民，禁止人民谈论国事。一旦发现"谤者"，抓来即杀。一时间人人自危，甚至在路上遇见熟人，连招呼也不敢打，只能"道路以目"。召公就谏周厉王弭谤："防民之口，甚于防川，川雍而溃，伤人必多，民亦如之。是故为川者决之使导，为民者宣之使言。"然而周厉王却将召公之言当成耳旁风。结果，人们无法忍受暴君的统治，终于爆发了我国历史上第一次大规模的平民起义"国人暴动"，时为公元前841年。

宋代之前最著名的文字之祸是春秋时代齐太史兄弟三人因直书史实被杀一事。公元前548年，齐庄公因与大夫崔杼的妻子私通而被崔杼杀害，史官记录"崔杼弑其君"，崔杼看了记录后，对史官用"弑"字感到不满，命令史官改掉，史官不从，崔杼杀史官。史官的二弟、三弟秉承兄业，还是记录"崔杼弑其君"，亦被杀。最后一个弟弟还是用了"弑"字，崔杼被太史四史弟的凛然正气震慑住了，没有勇气再杀掉老四。

进入封建社会之后，专制制度不断完善，因文字而获罪的事屡见不鲜。而有意识地通过文字罗织罪名，应该始于北宋的"乌台诗案"。

被冤枉的苏轼

苏轼，字子瞻，号东坡居士，四川眉山人。北宋著名文学家、书画家，诗词开豪放一派，为著名唐宋八大家之一。苏轼少负才名，博通经史，嘉祐二年（1057年）中进士，之后才名满天下。

元丰二年（1079年）四月，苏轼调任湖州（今浙江省吴兴县）。此时适逢宰相王安石变法，苏轼不赞成王安石新法。到了湖州后，苏轼作《湖州谢上表》，其中写道："知其生不逢时，难以追陪新进；查其老不生事，或可牧养小民"，其实就是发牢骚的意味，以此来表示对新法的不满。不料，这却惹怒了那些附从王安石的"新进"们，他们指责苏轼以"谢表"为名，诽谤朝廷、发泄对新法的不满，请求对他加以严办。

御史李定、何正臣、舒亶等人弹劾苏轼"玩弄朝廷，讥嘲国家大事"，还专门举出了苏轼的《杭州纪事诗》作为证据。为了罗织更大的罪名，这些人更是处心积虑地从苏轼的其他诗文中找出个别句子，断章取义地给予定罪。如苏轼自责的"读书万卷不读律，致君尧舜知无术"一句，本来是说自己没有把法律一类的书读通，所以无法帮助皇帝成为像尧、舜那样的圣人，却被说成是讽刺皇帝没能以法律教导、监督官吏；而苏轼歌咏桧树的两句"根到九泉无曲处，世间惟有蛰龙知"，则被指称为影射皇帝。"皇上如飞龙在天，苏轼却要向九泉之下寻蛰龙，不臣之心，莫过于此！"

在层层密网下，苏轼终于被正式逮捕下狱，交御史台审讯。与苏轼关系密切的亲友，如司马光、范缜、张方平、王诜、苏辙、黄庭坚，甚至已经去世的欧阳修、文同等二十九位大臣、名士受到牵连，被查的诗多达一百多首，这就是历史上著名的"乌台诗案"。

苏轼被捕后，苏轼的弟弟苏辙给宋神宗上书，要求以自己的官爵为其兄赎罪。宋神宗此时也犹豫不决，宋太祖曾有誓约，除叛逆谋反罪外，一概不杀大臣，而朝廷中也有多人爱惜苏轼才华，为苏轼求情。就连王安石听说此事后，也紧急上书劝说宋神宗："安有圣世而杀才士乎？"重病在床的太后听说苏轼的事后，也抱病责备宋神宗。最终，宋神宗下令对苏轼从轻发落，贬其为黄州（今湖北省黄冈）团练副使，但不准擅离该地区，并无权签署公文。

在历史上，这是以"诗案"称"文字狱"的开端。

朱元璋大兴文字狱

中国每一个王朝几乎都有文字狱，这是极权政治的特色之一，不过都是一些偶发事件。直到十四世纪明王朝开国皇帝朱元璋，才把文字狱作为一种合法的谋杀手段。明朝初年，朱元璋以严刑治国，大兴文字狱，也是他刑杀作风的必然产物。

朱元璋出生于安徽凤阳一贫苦农家。元朝末年，淮北大旱，瘟疫横行，朱元璋的父母与大哥均病饿而死。17岁时，朱元璋为了活命，先是四处打零工，后出家为僧。后来，朱元璋所在的寺庙被起义军烧毁，朱元璋走投无路投靠起义军，屡建功勋，至47岁建国称帝。由于朱元璋出身低下，文化水平不高，在他内心深处有一种很强烈的"自卑感"。所以，他对臣下的言辞格外敏感，导致了无数的文字狱，中国的皇权专制统治也因此而达到了高峰！

文字狱在明初朱元璋当皇帝时有个特殊的名称，叫"表笺祸"。明太祖登基后，按照前代典礼，规定凡遇正旦、万寿圣节，上皇太后，太皇太后尊号与册立东宫等礼节之时，内外文武诸司均需进表笺致贺。"表"指进上位之文，"笺"，则用于上东宫，二者体制有别，以示尊卑。这些表、笺主要是由官府的训导、学正之类的官员写成的，大都是一些粉饰太平、阿谀奉承之辞。殊不知，许多官员就是因为这样的"官样文章"而惹上杀身之祸。

第十一章　汉字里的避讳及文字狱

河南府尉氏县教谕许元所作《万寿贺表》，其中有"体干法坤，藻饰太平"八个字，被怀疑是讽刺而遭满门抄斩。因为"法坤"音同"发髡"，"藻饰太平"音同"早失太平"。

陈州训导周冕曾作《万寿贺表》，内有"寿域千秋"一语，本来这是一个美好的词句。可是，朱元璋竟把"寿"附会为"兽"，又不认识"域"字，把"域"读为"或"字，而"或"字又和"祸"字同音，于是，周冕也难逃一死。

德安县训导吴宪所作的《贺立皇太孙表》中，有"天下有道，望拜青门"的话。结果，朱元璋认为"有道"就是"有盗"，"青门"自然是和尚庙了，这可就犯了他的大忌。所以，他立即下令将吴宪全家处死。

杭州府学教授徐一夔在《贺表》里有"光天之下，天生圣人，为世作则"之句。本来是歌颂朱元璋不仅自己，就连他的子孙都是世人的楷模。没想到朱元璋却解释说，"生"则僧也，"光"则秃也，"则"音近于贼。因此勃然大怒，将徐一夔斩首。

类似的例子太多了，明朝有一个叫黄溥的人在《闲中今古录》中把它们统称为"表笺祸"。因"表笺祸"送命的人越来越多，主管此事的礼部官员上奏请朱元璋降一道表章，让天下臣民有章可循。洪武二十九年（1396年），明太祖命翰林学士刘三吾起草了一份《庆贺谢恩表笺程式》，颁布全国。命令以后如果遇到庆贺谢恩，官员们照表式抄录，送上即可。从此，文人学士乃至政府官员才避免因文字纠葛而蒙受不白之冤。

明朝初期，许多士子们不肯与新朝合作，也是朱元璋大兴文字狱的重要原因。士子们留恋旧朝，又看不起农民出身的皇帝，对新朝的前途缺乏信心，故此，大多数人都不愿出仕。所以，明初征辟士子，往往由地方官押解上路，如同囚徒。而一些武将自以为出生入死打下天下，见到文人被重用，心存嫉恨，屡屡中伤。有人在太祖面前说，文人善于讥讪：张士诚的名字是请身边文人起的雅名，却不知《孟子》中有"士，诚小人也"，其实是在借机骂他。太祖一查，果然如此，因此非常注意从臣子的文字中寻找"讥讪"字句，屡兴文字狱。著名诗人高启，应苏州知府之请，为其新宅写了《上梁文》，结果因文中有"龙蟠虎踞"一词被腰斩。状元出身的翰林院修撰张信，是皇子们的教师，有一次，他教皇子们写字，随手写了杜甫的一句诗"舍下笋穿壁"作为临摹贴，碰巧给前来巡视的朱元璋看见了，认定张信是借古讽今，嫌朝廷寒酸，怒骂道："堂堂天朝，讥诮如此！"随即下令将张信腰斩。

对读书人如此，对僧人也是一样。有一次，朱元璋请了一位和他一起共过事的和尚来宫中吃饭。这位和尚一见皇帝请自己吃饭，非常高兴，在酒宴上即兴赋诗一首献给朱元璋。其中有这么一句："金盘苏合来殊域。"意思是：金盘子里装的苏合香是来自不同的地方。朱元璋抓住"殊"字做开了文章。他认为"殊"字左边是一个"歹"字，"歹"字的本义是"死"，后引申为"坏""恶"的意思；右边的"朱"，指朱元璋自己或朱明王朝，"殊"就是"歹朱""死朱""坏朱"的意思。他认为这个和尚有意用"殊"字骂他，于是下令将这个和尚杀了。

文字狱清代最盛

文字狱是扼杀人民思想的专制制度，以清朝的文字狱最为惨烈。清朝为何实行文字狱？在清朝前期，康熙、雍正年间，主要为了打击汉族上层分子和政府官员。目的是镇压反清力量，排除朝廷内部的异己势力。而到了乾隆年间，主要为了进一步压制反动力量，强化中央专制统治。

清朝首例文字狱发生在顺治二年（1645年），这年河南乡试，一份中举试卷误将"皇叔父"（指多尔衮）书为"王叔父"，被指为大不敬，主考官欧阳蒸、吕云藻被革职，交刑部论罪。同年，江阴人黄毓祺被告发写有诗句"纵使逆天成底事，倒行日暮不知还"，被指为反清复明，抄家灭门戮尸，儿女发配给旗人为奴。顺治五年，有毛重倬等坊刻制艺序案，毛重倬为坊刻制艺所写的序文不书"顺治"年号，被大学士刚林认为是"目无本朝"，是目无"正统"的"不赦之条"。由此，清廷规定："自今闱中墨牍必经词臣造订，礼臣校阅，方许刊行，其余房社杂稿概行禁止"，这就是最早的言论审查专制。

康熙皇帝在文化方面颇有贡献，开博学、鸿儒科选仕，以振起文运。但康熙皇帝在文字方面也非常敏感，康熙年间较著名的文字狱案有庄氏明史案、戴名世南山集案、朱方旦案等。

庄氏明史案。康熙年间，浙江乌程（今吴兴）富商庄廷鑨买得邻居明大学士朱国桢的明史遗稿《列朝诸臣传》，邀集许多名士加以编辑，并增补了明末天启、崇祯两代史事，其中多有指斥满洲的文句，定名为《明书》，作为自己的著作。书中直书清朝先人的名字，指斥明将降清者为叛逆；不使用清朝年号，而用南明永历等朝的年号。书编成后，庄廷鑨已经去世，其父庄允城将之刊行。不料，有人向朝廷告发，庄允城被逮入京，死于狱中；庄廷鑨被掘墓开棺焚骨，所有作序者、校阅者及刻书、卖书、藏书者都被处死。因此狱牵连被杀者达70余人，被充军边疆者达几百人。

戴名世南山集案。康熙年间，方孝标曾经到云南在吴三桂部下做官，后来及早投降清朝而免除一死，著有《滇黔纪闻》等书。戴名世见其书，在所著《南山集》中加以引用，被认为有"大逆"语。其实，二人著作并无什么诋毁清朝的"大逆"之语，只是方孝标的书中说到南明永历政权不算为伪朝，戴名世的书中提到南明弘光帝及其年号，又揭露了康熙帝杀掉明太子的真相；以略微倾向明朝的口气叙述了明末清初的抗清事件，对南明诸王寄

康熙画像

以同情。此狱也波及数百人，戴名世被斩首，方孝标被戮尸，两家男子16岁以上者均被杀，女眷等则被没收为奴婢，方氏同族人都被充军到黑龙江。

雍正朝的文字狱始自年羹尧案。年羹尧是汉军镶黄旗人，进士出身而有用兵之才，在川藏一带平叛屡建功勋，康熙末年授定西将军，兼理川陕总督。雍正皇帝即位后，年羹尧备受宠信，累授川陕总督、太保、抚远大将军、爵封一等公。不料年羹尧开始居功自傲，久而久之，雍正皇帝就想除之而后快，只是苦于没有借口。雍正三年（1724年）二月，出现"日月合璧，五星联珠"的天文奇观，臣僚上表称贺，雍正特别注意年羹尧的奏表，并找到了"毛病"：一是字体潦草，二是将成语"朝乾夕惕"写成了"夕惕朝乾"，此语意为终日勤慎，就是写倒了意思也不变。雍正可不管这些，认为年羹尧居功藐上、心怀不轨，那些对年羹尧有怨怼的人见皇上带了头，便群起而攻之，于是年羹尧被劾成九十二条大罪。雍正令年羹尧自裁，亲族、同党或斩首或流放或贬谪，凡是与他有牵连的人统统受到处罚。

雍正时期比较著名的文字狱还有吕留良、曾静案，这也是清朝唯一一件和谋反还搭点边的文字狱。据记载，吕留良是一个学者，明朝灭亡以后，他参加反清斗争失败，就在家里收弟子教书，后来他落发为僧，躲在寺院里著书立说。吕留良死后，湖南曾静偶然见到吕留良的文章，

对吕留良的学问十分敬佩,就派学生张熙打听他遗留的文稿。张熙不但打听到文稿的下落,还找到吕留良的两个学生。他向曾静汇报后,曾静也约两人见了面,4个人议论起清朝统治,并商量怎样推翻清王朝。曾静打听到担任陕甘总督的汉族大臣岳钟琪,掌握很大兵权,颇受重用。要是能劝说岳钟琪反清,匡复明朝就大有希望。曾静写了一封信,派张熙去找岳钟琪。岳钟琪收到信后,大吃一惊,在威逼张熙交代同谋不成之下,假装答应,张熙于是将他们的计划、主谋人员一一交代。岳钟琪马上上奏雍正,报告这起谋反事件。雍正帝将他们严加查办,把吕留良的坟刨了,棺材劈了,又把吕留良的后代和他的两个学生满门抄斩。还有不少相信吕留良的读书人也受到株连,被罚到边远地区充军。

乾隆时的文字狱,达到顶峰,比较著名的是王锡候字贯案。相传,江西举人王锡候历时17年,编写了一本简明实用的字典《字贯》。想不到,这部普通的字典,却招来了一场大祸。祸起于该字典一篇王锡候写的"自序"。王锡候认为《康熙字典》所收4.6万字,查阅时往往"查此遗彼,举一漏十"。而《康熙字典》却是康熙皇帝"御制"的,这样无疑是贬损了康熙皇帝。王锡候本家有个光棍无赖王泷南,为了报复王锡候过去曾告发过自己,向官府告发王锡候的《字贯》有"狂妄悖逆"之罪。乾隆御览了《字贯》以后,勃然大怒,认为该书在"凡例"中"将圣祖、世宗庙讳及朕御名悉行开列",于是断定"此实大逆不法为从来未有之事,罪不容诛,应照大逆律问拟"。这样《字贯》一案,突然升级为钦办特大逆案。案发这年十一月,王锡候即被执行死刑,他的子孙、弟侄及妻媳21人株连判罪,连未满周岁的小儿子也判为功官家奴。查没家产时,把家用锅碗瓢盆、小猪母鸡统通计算在内,官府估价不过六十几两银子。

直到乾隆五十三年(1788年),文字狱高潮已经过去,还发生了所谓的《笃国策》案。由于乾隆时代社会趋向稳定,文字狱引起挟嫌诬陷,株连亲故,造成人人自危、上下猜疑,这并不利于巩固满清统治秩序。在这种情况下,清朝统治者调整了以往的政策,延续100多年的文字狱,在乾隆后期终于告一段落。即使如此,直到嘉庆年间,文字狱的阴影仍笼罩着文坛,知识分子余悸尚存。所以,龚自珍有"避席畏闻文字狱,著书都为稻粱谋",以及"万马齐喑亦可哀"的叹息。

第十二章　谐音与错别字拾趣

不会及地

从前,有个书生带着仆人进京赶考。行路途中,书生的帽子一下子被风吹落在地。他知道仆人走在后面,定会拾起,便没有去理会,照样向前赶路。哪知,仆人看到后,以为主人不知,就挑着行李快步赶上,气喘吁吁地说:"相公,你的……帽子……落地了。"说着,一不小心,脚下一滑,把挑的行李也摔在了地上。仆人傻笑一下,对书生说:"您看,不小心都落地(第)了。"

说者无意,听者有心,书生听后大为不快,因为赶考落第即名落孙山。于是,他一再叮嘱仆人:"从此以后,凡有东西掉在地上,不许你再说'落地',要说'及地'!""及地"谐"及第",即高中进士之意。

仆人听了书生的叮嘱,连连应道:"记住了,记住了。"

两人继续前行,走上一段崎岖不平的山路。书生很不放心,唯恐东西掉落,仆人再说出不吉之言,便不时回头提醒。仆人拍着胸脯保证说:"相公请放心,这次是无论如何也不会及地的!"一句话将书生气个半死。

赵元任的谐音趣文

著名语言学家赵元任曾写过一篇《施氏食狮史》:

石室诗士施氏,嗜狮,誓食十狮。氏时适市,视狮。十时,适十狮适市;是时,适施氏适市。氏视十狮,恃矢势,使是十狮逝世。氏拾是十狮尸,适石室。石室湿,氏使侍拭石室,石室拭,氏始试食十狮尸,食时,始识是十狮尸,实十石狮尸,失食。

可以翻译为:

从前,有个姓施的文人喜爱作诗,住在石头造成的屋子里面。他喜欢吃狮子肉，发誓要吃十头狮子，所以经常去市场上找狮子。一天上午十点，刚好有十头狮子上市，这时，恰好姓施的也来到市场。他一见这十头狮子，于是拉弓搭箭把十头狮子全射死，然后拖着这些狮子回到石屋。但石屋很潮湿，于是令仆人把石屋揩干，然后再饱尝十头狮子的肉。吃时，才发现这十头狮子实际是石头的，不能吃。

这个故事虽属文字游戏，但表现出作者驾驭汉字的能力，以及汉字视听分离的特色。阅读此文，稍具文言知识的人都可以通晓无误，如果旁人诵读，听的人则可能如坠雾中，不知所云。

手上的"银"字

相传，有个客商住进一家客店，将随身携带的五十两银子放在衣物中，一齐交给店主代为保存。次日，客商取回包裹一看，衣物还在，可银子已经没有了。客商找店主索讨银子，店主不承认。客商无奈，只好去县衙告发。知县看罢诉状，便吩咐差役传店主来对质。店主百般开脱，还一口咬定是客商讹诈。

知县一面倾听双方的申辩，一面细察两人的神色。原告神态自若，被告看似心中有鬼。如何断案？知县苦思良久，终于计上心来。

知县提起毛笔在店主手心写了一个"银"字，然后叫他站在房子中央，并严厉嘱咐道："注意看好，要是手上这个'银'字没有了，就罚你还他银两！"

店主不知其意，但又不敢违抗，只好聚精会神地注视着手上的"银"字，唯恐它消失。

知县密差衙役将店主之妻传唤到堂，直截了当地问道："昨日你们收下的客商的银子，放在什么地方了？快交出来！"店主的妻子顶撞说："什么银子，我不知道。"

知县怒了："不要狡辩，你丈夫都招认了，快说出实情！"

店主之妻冷笑一声，不为所动！知县便要她与丈夫对质。她半信半疑地跟随知县来窗口。知县隔着窗户向店主大声问道："老板，你收（手）上的银子（字）还在不在？"老板赶紧看着手心的"银"字大声答道："我手上的'银'字还在啊，谁说不在？"

店主妻子以为她丈夫真的招认了，只好乖乖地如数将银子交出。

第十二章 谐音与错别字拾趣

临阵"托桃"

清末的时候,山东有个著名的画师,名叫李奎元。有一年,慈禧太后为了修建颐和园,传圣旨把他召到京城,要他画一个大屏风,放在仁寿殿里,好为自己歌功颂德。李奎元心里恨死了慈禧,可是又不能违抗,只好答应了。

献画的那一天到了,慈禧带了文武百官来看画,只见屏风上画了一个胖小孩,跪在午门前,手里托着一个大寿桃,后面飘着各国国旗,排列着各国军队。官员们都拍马屁说:"这是仙童祝寿,万国来朝!"慈禧开始还很得意,突然,她想到了什么,大声骂道:"他好大的胆子,竟敢骂我!"她马上派人抓李奎元,李画师却早已经逃走了。

原来,各国军队列"阵",托桃寓意"脱逃",合起来就是讽刺西太后当年"临阵脱逃"跑到西安。

姨移破桶令姑箍

相传,唐伯虎同友人外出游玩,看见一个村妇一面打扫乱柴,一面叫小叔子捆柴。他触景生得灵感,得一上联:

嫂扫乱柴呼叔束

句中有两处运用了谐音手法:"嫂""扫"两字谐音,"叔""束"两字也谐音。因此,要对好有一定难度。

友人低头沉思之时,又看见一个少妇挑一担水走来,不料这桶突然裂开,水流一地。少妇便忙唤小姑子来把破桶箍紧。

这个场景一映入眼帘,唐伯虎友人便大喊"有了",对出下联:

姨移破桶令姑箍

下联也有两处谐音:"姨"与"移","姑"与"箍",与上联绝配。上下联写的都是最寻常不过的农家小事,但一经高手锤炼,便成佳对。

笛清难比箫和

陈洽,明朝江苏武进县人,字叔远,通经史。据说,他八岁时,只见江上两只船同时开发,一只摇橹,一只扬帆,扬帆的船很快驶到摇橹的前面。

陈洽的父亲见状,灵感顿生,遂出一联:

两船并行,橹速不如帆快

仓促间,陈洽难以为对,这时,恰好远处有一个牧童在吹笛,声音悠扬,动人心弦。陈洽智窍大开,对出下联:

八音齐奏,笛清难比箫和

陈洽的父亲满意地夸奖儿子:"这小子还真行。"

陈洽也跟父亲开了个玩笑道:"我老子也不错。"说罢,两人相视而笑。

上联中,"橹速"谐音东吴著名谋臣的名字"鲁肃","帆快"谐音西汉一位大将的名字"樊哙"。下联中,"笛清"谐音"狄青",是宋代名将,"箫和"谐音"萧何",是汉代开国宰相。

民国万税

民国初年,进步文人刘师亮与写《厚黑学》的李宗吾,可算是"四川双杰"。刘师亮当过塾师、讼师,经过商,是一个怀才不遇又疾恶如仇的怪才。

民国时期,苛捐杂税多如牛毛,老百姓一贫如洗,官方却又常喊"民国万岁",宣言"天下太平"。

刘师亮为了讽刺这种现象,写了一副四字短联,堪称千古绝对:

民国万税

天下太贫

刘师亮这副对联,取材于两句官方口号,运用谐音手法,将"岁"字改成"税"字,将"平"字改成"贫",顿时化褒为贬,一语道破了"民国万岁"背后的实质,撕破了"天下太平"的伪装。

茉莉花茶

前几年,中国名茶"茉莉花茶"远销欧美,在东南亚的海外华人圈却遭冷遇。这是怎么一回事呢?一位年轻人经过调查,得知原因在于

"茉莉"与"没利"音同形异，当地人很忌讳。那个年轻人建议，给"茉"字加上两点，改成"莱"字，与"来利"谐音，于是销路立即大畅，获利丰厚。

有个叫"庄墓"的地方，在各大报刊上都登出了大篇招商引资的广告，但长时间无人问津。后来，该地一位有心人将"庄墓"改为"庄慕"，重新刊登了广告。这一次收到了意外的效果，货主纷纷上门，很快就做成了几宗大买卖，赢得巨额利润。究其原因，就在于"墓"字有点晦气，谁肯光顾呢？改为"慕"字，不仅没有晦气之音，而且还非常有意境，连庄子都追慕的地方，自然就引人慕名而来了。

欧阳修巧对谐音诗

北宋的欧阳修是江西左安人，24岁中进士，擅长诗词、文章，是当时的文坛领袖。有个附庸风雅的秀才，听说欧阳修很有才气，心里很不服气，决定要与欧阳修比个高低。

一天，秀才大模大样地去找欧阳修比比学问。在路上，他看到一个举止儒雅的老者，料想是读书之人。于是拉着老者，指着路旁一棵枝枯叶败的小树，要与老者对诗。老者再三推辞，秀才却以为是他心怯，逼得更紧了，不等老者说话，就念道：

路边一枯树，树上两个杈。

老者一听连连摇头。秀才却强拉硬拽，非要老者吟上两句凑趣。无奈，老者只好续上两句：

路边一枯树，树上两个杈。

春来苔为叶，冬至雪当花。

秀才见这老者出口不凡，吃了一惊。但他不肯服输，说道："此诗勉强，我们不妨再选一题，也好见出真才情。"

向前行，他们看到一对白鹅扑腾着翅膀跳进路边的池塘里，秀才又冒出两句：

前面两只鹅，"扑通"跳下河。

不知深浅的秀才以为这下难住了老者，苦苦相逼。无奈之下，老者随口念道：

前面两只鹅，"扑通"跳下河。

白毛映绿水，红掌击清波。

老者出语不凡，但秀才仍不服气，还想找机会挽回面子。

两人一同来到一处渡口，等候摆渡的人聚集了不少。秀才还想显示自己，想在大庭广众下给老者难堪，就高声说道："你我同乘舟，去访欧阳修。"老者再也忍不住了，冲着秀才大声道："修已知道你，你还不知修（羞）！"秀才这才知道眼前这位老者就是欧阳修，羞得无地自容，偷偷溜走了。

高士奇的巧妙反击

高士奇是清朝康熙年间的一代名相，学识渊博、聪明机敏，深得康熙皇帝的宠信和赏识。

高士奇在上书房做侍郎时，与吏部尚书索额图和都御史明珠是同僚，三人经常开玩笑。

一日，三人一起徒步外出办事，行走间突然有一条大狗从胡同蹿出，然后跑远。明珠问了一句："是狼是狗？"索额图一听，哈哈大笑道："是狼是狗（侍郎是狗），你得问江村（高士奇，号江村）。"

高士奇听出两人是在一唱一和地用谐音骂自己，但他不露声色地说："那是条狗。"两人以为他没有听出话中的玄奥，便得意地打趣道："何以见得？"

高士奇笑着道："狼、狗区别主要有二，其一看它的尾巴，下垂是狼，上竖是狗（尚书是狗）；其二看它吃什么，狼只吃肉，狗却是遇肉吃肉，遇屎吃屎（御史吃屎）。"

这个狼狗之辩顺势而为，毫不费力地回敬了吏部尚书索额图和都御史明珠。二人虽然挨了骂，可心里很佩服高士奇的智慧和机敏。

柑子布

从前，四川是柑子产地，年年要向皇宫进贡。进贡的柑子个个用纸包裹，既可减少水分蒸发，又可避免碰伤。有个地方官认为用纸包，不足以表示对皇帝的尊敬，就改用黄细布包柑子。柑子送走后，他又担心布比纸硬，唯恐柑子布磨坏了柑子外皮，受到朝廷的斥责，因此整天担惊受怕，惶惶不可终日。恰好这时候，御史甘子布奉命出京办事，经过此地，便停下来稍事休息。

地方官听到甘子布三个字，便误认为是朝廷差人来查问用布裹柑子的事情，于是大惊失色。

御史甘子布到了后，这个地方官连忙前去迎接，反复解释："请大人明察，我用柑子布裹柑子，是想对皇上表示尊敬，没想到柑子布蹭坏了柑子皮。是下官考虑不周造成的，下官不再用柑子布了，请大人宽恕。"甘子布只听这地方官左一个柑子布，右一个柑子布，心里很不高兴，就拉长了脸。地方官瞅瞅满脸怒气的御史大人，更是吓得语无伦次："柑子布是下官出的主意，本意是好的，只是没想到柑子布……"甘子布听了半天，才明白地方官是检讨用布裹柑子进贡的事，不由得哈哈大笑，说："本御史名叫甘子布，不是来追究你用布裹柑子的事情，你搞错了。"

铜雀春深锁二乔

三国时，曹操凭借百万兵力，向东吴下了战书。此时，鲁肃正从江夏带刘备的军师诸葛亮到此，特来劝说孙权出兵拒魏。

当时，东吴或战或降要等都督周瑜决策。周瑜认为战必败，鲁肃却认为东吴险固，不同意降曹。两人争辩不休，而孔明在旁冷笑不已。周瑜和鲁肃询问孔明："笑为何意？"孔明先以"曹操善用兵法，天下莫敌"奚落孙权和周瑜，然后说："曹操在漳河新造'铜雀台'广选天下美女，早就垂涎江东乔公的大乔、小乔二女。曹操这次南下，就是想将江东二乔置于铜雀台，以乐晚年，虽死无恨。如今，只要寻得乔公，送去二女，曹操必班师回许昌。"

周瑜急着问孔明："此说有何为证？"

孔明说道："曹操之子曹植曾作《铜雀赋》，赋中写道，……立双台于左右兮，有玉龙与金凤；揽'二乔'于东南兮，乐朝夕之与共。……"

周瑜听后勃然大怒，指北而骂道："老贼欺吾太甚！大乔是主公的主妇，小乔乃我妻，如此岂有屈身投降之理，求孔明助我一臂之力，同破曹贼。"

"唯"的偏旁

宋仁宗至和年间,四川成都府书生赵旭,写得一手好文章。有一次京城科举选考,他赶忙进京赴考。

考试完毕,他自认为考得非常满意,得中必有希望。

不多久,有天早朝时,宋仁宗询问考试情况。考官就将前三名文卷呈到御前,宋仁宗亲自御览。看了第一卷宋仁宗对考官说:此卷答得极好,可惜卷中有一个错字。考官就问:何字写错?仁宗笑着说:乃是一个"唯"字,原来的"口"旁写错成"厶"旁。考官即拜奏说:此二偏旁可通用。仁宗速命做此卷的考生赵旭进见。

赵旭叩拜皇上,面奏试卷上没有差错。仁宗对赵旭说:卷内确有错字,"唯"本为"口"旁卿如何写作"厶"旁?赵旭回奏:此二偏旁皆可通用。仁宗不悦,就在御案上取下文房四宝写下四个字给赵旭说:卿家看看,吴矣、吕台,卿言通用与朕诉来!赵旭看了半响无言以对。仁宗立即决定不予录取,命其回家重新读书习字,以观后效。这位狂生,就因为一个不规范字,把到手的状元给弄丢了。当时有人写诗嘲之:

十年寒窗十年苦,一朝及第入仕途。

只为一字多"口"舌,摘去功名再读书。

错认一字性命休

曾经有位工人,发觉阴囊肿胀,有时会有剧烈的疼痛,便去医院治疗。经检验,诊断为疝气。

所谓疝气,是小肠坠入阴囊所致,俗称小肠气。本是一般病症,危害并不大,治疗并不难。但是,这位工人识字不多,误把疝字当成了癌字,以为自己得了不治之症。他又性格内向,既怕问医生,又不敢问朋友,更不愿将病情告诉父母,整日忧愁不堪,无法排遣,于某天吞下大量安眠药,草草结束了一生。

癌症成因虽然尚未破解,但"癌"字古已有之。古人常把人体表面生的癌,一律说成痈疽毒疮;把内脏长癌,常泛泛说是毒瘤、暴病。从"癌"字构造来看,"癌"字病字头下面的"嵒"字,是岩石的"岩"的另一种写法，有险峻的高山之义。古人造"癌"字的时候为什么会用到这个"嵒"字呢？据古书上关于癌症最早的记载，古人发现女性乳房上发生的肿瘤"高突如嵒顶，烂深如嵒壑"，所以就在这个"嵒"字上加了一个病字头，于是就出现了这个"癌"字。

前赤壁"贼"

古代有一个富商，识字不多。一日，他带领几个家人坐船到外地做买卖。船行到某一地方，远望江中有座小亭。当船经过小亭时，亭上"江心赋"几个大字突现眼前。

商人一见，不由得惊出一身冷汗，禁不住大叫起来："不好，江心有贼，赶快返回！"家人一听，赶忙叫船家掉转船头。不料船家仍继续航行，他一边笑，一边指着那几个大字说："先生，你看仔细，那不是'江心贼'，而是'江心赋'啊。"富商一听，心中不服，只好附和着说："赋就赋呗，可还有些贼形。"

还有一个常读别字的先生。一天晚上，他给学生讲苏轼的前后赤壁赋，把"赋"念成了"贼"。恰在这时，有个小偷藏在窗外，听先生大声道："这《前赤（念成拆音）壁贼》呀！"小偷听了大吃一惊，暗想，他们已经知道前边有贼，不如到房后去偷。

此时，先生讲完课与学生来到后房睡觉。上床后，又与学生论起《后赤壁赋》，照样把"赋"念成"贼"。小偷正好又在外面听见了，不禁叹息说："这教书先生真是神通，主人请上这样的先生，连看家狗都不用养了！"

"赋"和"贼"字虽然形体相近，却有根本上的不同。"赋"为形声字，从贝，武声。从"贝"，表示与财物有关，本义为"征收"。"贼"为形声字，从戈，则声。"贼"的读音应该念 zé，修订版的《辞源》和《辞海》注的就是这个音，但国家语言文字工作委员会于 1985 年 12 月 27 日公布的《普通话异读词审音表》却根据约定俗成的原则将这个字的读音审定为 zéi，废弃了 zé 的读音。"贼"的本义为毁坏。

马德华原名趣事

著名演员马德华曾在电视连续剧《西游记》中扮演猪八戒一角，以出色的表演征服了观众。然而，他改名的一段趣事却鲜为人知。

马德华原名马芮，有一天，他患了重感冒，到一家医院去看病。他排队等了20多分钟，只见一位值班护士拿着挂号单在走廊里喊道："马内，马内，谁叫马内？"马芮东瞅西看，见没人答应，心想，大概是叫我吧！于是就走进门诊室。接着去化验室抽血后，又等了好一阵子，突然，化验员大声喝道："马苗，谁叫马苗？你的血化验好啦。"马芮不敢答应，眼看化验室要关门了，他赶忙进去拿了化验单，女化验员不耐烦地说："你就是马苗，刚才你怎么不回答？"

后来，马芮到药房取药时，药剂师隔着玻璃窗喊道："马丙，马丙的药好啦！"马芮不敢怠慢，管他马内、马苗、马丙，抓起药就往注射室走去。谁知，那位女护士拿起他的注射单一看就笑了："哟，你这个人怎么叫马肉，名字可真怪。"弄得马芮啼笑皆非。后来，马芮参加了电视连续剧《西游记》的拍摄。他想起看病的事，不禁想到，这么多人不认识我这个"芮"字，如果名字放到屏幕上，还不知会被叫成啥呢！于是当即改名"马德华"。

拆卖房屋

1947年，解放区开始进行土地改革，一位干部到下面检查工作，发现有一个村子，村民把地主的房屋拆掉后卖了，再将钱分给缺房的贫雇农。见此情景，这位干部大吃一惊，当即就问村干部为什么不把现成的房子直接分给农民，而要拆掉它。村干部告诉他说："上级是这么规定的，我们只有照办。"

听了村干部的回答，这位干部感到很奇怪，土改政策中根本没有这一条规定。经查询才发现，原来是区政府的干部把上级的文件抄错了一个字。土改政策规定，对地主的房屋可以"折卖"分给群众。其意思是房子不便于平均分的，可以折价卖了然后分房产，多分了房的户头要拿出钱来，分给那些分不到房的户头。但是，区干部把"折卖"抄成了

"拆卖"。虽然只多了一"点",但意思相去甚远,致使不少村子将一些好端端的房屋全拆掉了。

在汉字中,"折"与"拆"在形体上只有一"点"之差。就这么一"点"导致"折"与"拆"二字在读音和意义上均有差别。折,音 zhé;拆,音 chāi。尤其是书写时,要特别注意这一点,忽略了这一点,甚至会酿成大错。"拆"从"扌"(手),从"斥","斥"亦声。也就是说"拆"是一个形声兼会意字。"斥"有"裂"的意思,即是将东西分开的意思。那么"拆"的本义则是用手将东西分开,引申为"拆开""拆散"的意思。"折"字为会意字,从"手",从"斤",本义为"断木、断草",引申为广义的"折断"之义。

白字和尚

古时,有个忠厚的庄稼汉,姓潘名银斗,娶妻乜氏,夫妻俩对父亲十分孝顺。父亲死后,为表孝心,潘银斗专门去庙堂做斋,以超度父亲亡灵。

做斋的僧人识字不多,诵读孝子名单时,硬着头皮,随便念道:"孝男——翻跟斗——"

潘银斗听说要他翻跟斗,先是一怔,继而想道:"必是亡父在阴曹地府遭受磨难,叫我翻跟斗为他赎罪。"于是,他在灵前的地面上横一个竖一个地翻起跟斗来,直累得浑身是汗,两腿发软。

僧人不知何故,但因斋事不可中断,也不去管他,于是继续念道:"孝媳——也氏——"

潘银斗听到"也是"二字,一时手忙脚乱,赶紧向僧人叩头哀求:"高僧,我老婆怀有身孕,不能翻跟斗呀,实在要翻,就让我替她吧!"说完,又翻滚在地。

僧人糊里糊涂,唯恐如此下去,场面更难收拾,于是便顺势挥动着手说:"你们回去吧,好好祭奠亡灵,跟斗就免了!"

"乜"字跟"也"仅一笔之差,但读音迥异,当姓讲时读作 niè,另一个音是 miē。

落款"庚黄"

《红楼梦》第二十六回中有"薛蟠读画"的故事。

故事以薛蟠与宝玉的一段话开始,薛蟠说:"你明儿来拜寿,打算送什么新鲜物儿?"

宝玉说他没有什么送的……只好写一张字,画一张画。

薛蟠笑道:"你提画儿,我才想起来了。昨儿我看见人家一本春宫儿,画得很好,上头还有许多的字,我也没有细看,只看落的款,原来是什么'庚黄'的,真好得了不得!"

宝玉听后说:"古今字画我也都见过些,哪里有个庚黄……"想了半天,不觉笑起来。命人拿过笔来在手心里写了两个字,又问薛蟠道:"你看真的是庚黄么?"薛蟠说:"怎么没有看真?我看得真真切切。"宝玉将手一撒给他看道:"可是这两个字吧!"……众人看出原来是"唐寅"两个字。

曹雪芹不愧是塑造人物的文学大师,通过这两个别字,就把薛蟠这个纨绔子弟不学无术的形象活生生地勾画出来了。

县官的"亲爹"

话说有一个地痞,胸无点墨,靠花钱买了个县官。俗话说,尴尬人难免尴尬事。由于他不识几个字,所以在断案时总是笑话百出。

有一天坐堂问案,文书呈上名单,上写原告、被告及证人等三人。原告叫郁工来,被告叫齐下丢,证人叫新釜。

县官把郁工来错呼成"都上来",三人便一齐上前。

县官发怒道:"本官只叫原告一人,为什么全都上堂来?"文书在旁,不便直接指明他的错处,委婉地说道:"原告名字另有一种念法,叫做郁工来,不叫都上来。"

县官又叫被告齐下丢,误说成"齐下去",三人只好一齐退下。县官又大发雷霆:"本县叫被告一人,怎么又全都下去了?"

文书又上前解释说:"被告名字也另有念法,叫做齐下丢,不叫齐下去!"

县官不耐烦地说:"证人的名字,你说该念作什么?"文书答道:"叫新釜。"

县官转怒为喜,自作聪明地说:"我想必有新的念法,不然,我要叫他'亲爹'了。"

万夫不当之男

浒与许、季与李、达与逵、爹与斧、男与勇都是常用字,可有人连这些常用字都分辨不清,闹出了许多笑话。

有一个学生爱看《水浒》,但识字不多,经常读错字闹出笑话。一次,他的一个朋友来拜访他,见他正看《水浒》,便随口问道:"老兄正在读什么书?""《水许》。"那个学生一本正经地回答。

朋友听了,知道他又读了错字,故意接着说:"古今著作,可谓汗牛充栋。但是,《水许》一书却从来没有听说过。不知书中描写的都是一些什么人物?"

"书中有个人物叫'季达'(即李逵)。"学生又一本正经地说。

朋友听了,更假装不明白,接着又问道:"更奇了,古人名字中从没有听过有叫季达的。请问这个季达是何许人也?"

学生又比画着说: "此人手使两把大爹(斧),有万夫不当之男(勇)。"

读过泰论

汉字的偏旁、内部结构和位置的变化,包括上、下、左、右的变化,对此必须仔细分辨,否则便会闹笑话。

相传,一个自命不凡却文理不通的读书人白文秀东拼西凑写成一篇文章,自己甚为得意,便送给苏东坡过目,说道:此乃拙作,望老师批点。东坡接过文章,只见标题是《读过泰论》,半日不解,良久才悟,便大笑道:"当年秦朝发了大水,淹了庄稼,难怪,难怪!"(意为"秦"字下的"禾"被水淹掉,成了"泰"字。)苏东坡看毕,一言不发交还给他,白文秀心想,好歹也要请他点评几句,就央求说:"老师,当今天下识才者少,忌才者多,一篇好文章没有名人推存,就好比一张废纸,请老师多美言几句。"

一听白文秀把"推荐"读成"推存",苏东坡觉得又好气又好笑,挥笔在文稿上批了九个字:此文有高山滚鼓之妙!

白文秀喜不自胜,连连说道:"劳骂,劳骂!"可笑他又把"劳驾"读成了劳骂。白文秀拿着苏东坡的批字到处吹嘘。一个秀才对他说:"这是苏东坡在给你出谜呢!"白文秀呆住了,问道:"出了什么谜?"

秀才告诉他说:"你想一想,高山上滚鼓是什么声音?扑通!扑通——不通!"

多了一撇,隔了千里

1930年5月,中原大地上爆发了国民党党内大战。冯玉祥、阎锡山为一方,蒋介石为另一方,双方在河南省南部拉开战争序幕,共投入了一百多万兵力。

战前,冯玉祥与阎锡山约定在河南北部的沁阳会师,集中兵力歼灭蒋军。然而,冯玉祥的作战参谋在下达命令时,把"沁阳"写成"泌阳",多写了一撇。无巧不成书,泌阳也是河南省的一个县,只不过,沁阳在黄河北岸,而泌阳却在河南南部桐柏山下,两地相距数百公里。冯玉祥的部队依照命令错误地开进泌阳,没能和阎锡山的部队会合,贻误了聚歼蒋军的时机,让蒋军夺得了主动权,致使冯、阎在后面的作战中处处被动挨打,以失败告终。如果当时参谋不多写那一撇,冯、阎联军得以顺利会师,中原大战的结局可能就会改写,历史也可能会呈现出另一幅画卷。

"沁"和"泌"有何不同?沁为形声字,从水,心声,本义指沁水。沁水即今山西省沁源县东北绵山东谷,南流至河南省武陟县流入黄河。沁阳即由沁水得名。泌也是形声字,从水,必声,本义指泉水涌出的样子。泌阳为河南省县名,在河南省南部泌阳河流域。汉朝时朝廷置泌县,明朝时候才改为泌阳县。

第十三章　字句的推敲

问何人忽坏长城

清朝末年，国势渐衰，西方列强用鸦片和大炮打开了中国的大门。广东水师提督关天培支持林则徐焚烟抗英。在英军攻打虎门时，关天培率领官兵血战，终因孤立无援，壮烈牺牲，虎门失守。

消息传来，林则徐十分悲痛。他完全清楚这是朝廷内顽固的投降派的恶政造成的悲剧，便奋笔疾书写了一副挽联：

六载固金汤，问何人忽坏长城，孤注空教躬尽瘁

双忠同坎壈，闻异类亦钦伟节，归魂相送面如生

林则徐派人将对联送往江苏淮安关府。关天培的母亲接到林则徐的挽联，十分感动，也十分重视。但因尺寸太小，便请周木斋重抄大幅，准备悬挂起来。

周木斋是淮安府第一流的书家。他读完挽联吃了一惊，待在一旁不落笔，关母看了，小心求教。周木斋小声说："林大人的挽联，有一字我不敢写，就是'何人'的'人'字。"

关母点头称是，那些投降派的人都是皇上的重臣，谁敢得罪呀？两人思前想后，忍痛将"人"字改为"时"字。

重抄后，两人同时叹气道："这是不得已呀！"

"问何人忽坏长城"，林则徐此处直接指斥投降派琦善及其幕后的道光皇帝，改"何人"为"何时"，是怕林则徐以后被人抓住把柄，遭人陷害。然而这一改，批判的力量就打了折扣。

杜诗缺字新猜

有个姓陈的人得到杜甫的一本诗集，因为保存不好，许多字都不清

晰了。这是一本很珍贵的书，他想补全缺的字，于是就请朋友们来帮他"猜"书中所缺的字。

在《送蔡希曾都尉还陇右因寄高三十五书记》一诗中，有两句：
身轻一鸟□，枪急万人呼。
是写一个勇敢的武将驰马作战，轻捷得像鸟一样。可缺的这个□，是什么字呢？

有人猜成"疾"，有人猜成"下"字，还有人猜成"起""落"……

后来，大家找来了另外一本比较清晰的杜甫诗集，一核对，才知道是个"过"字。越仔细琢磨，越觉得"过"字最好，是掠过、一闪而过的意思，并且与下一句连接得也好。于是，大家更加佩服杜甫写诗用字的功夫了。

苏东坡赋鹤

北宋文学家苏轼做七言诗《病鹤》时，曾写了一句"三尺长胫瘦躯□"，其中故意缺少一个字，让众人来写。众人拟了许多字，都不太满意。这时，苏轼慢慢地拿出自己的诗稿，原来是个"阁"字。

"三尺长胫瘦躯阁，"众人不禁赞叹，"此字既出，俨然如见病鹤。"

"三尺长胫"，是用夸张的语言形容鹤的腿长，但这仅是外表形象，还反映不出它的精神状态。接着，又用"瘦躯"二字与前面的"三尺长胫"相衔接，说明这只鹤不仅腿长，而且身体消瘦，但这些都是局部外在描写。最后用一"阁"字收住，苏轼把这只鹤比喻为一个亭阁，这个"阁"又不是修葺优美的亭阁，而是"瘦躯"，鹤的羽翅四周空空，没有丰满的羽翼，是个只有几根柱子撑立着、上面加个茅顶盖的陋阁。这样，就从局部外在描写变为整体内在的肖像描写，刻画出这只鹤的病态，形神兼备，又紧扣了题意。

杨慎对诗

相传，明末四川才子杨慎谪贬云南时，一次到建水县双龙桥游玩。他见到桥畔开满了攀枝花，鲜艳耀眼，洗马潭中白莲花也正怒放，令人赏心悦目。正在这时，风起雨来，杨慎只好到附近的草棚暂且避雨。阵雨过后，他从草棚出来,被眼前的景色所陶醉:雨后的桥畔,攀枝花更艳;洗马潭中,白莲花也朵朵含露,娇嫩欲滴。这时,他忽然听见有人吟了一句"双龙桥红灯万盏风吹不熄",杨慎心想,此人把满枝繁花比做"红灯万盏"倒也恰当,又加上一个"风吹不熄"则更加逼真,真是才子风范。

杨慎也想露一手,跟那人比试一下,他看了一眼洗马潭中盛开的莲花,便吟道:"洗马潭白莲千朵雨洒更鲜。"吟完后得意地看看那人,不想那人并不惊叹,反而对他说:"你不觉得这句子太实了吗?"杨慎怔住了,惊醒过来,忙向那人求教,那人不紧不慢地说:"把'白莲'改为'白姑','千朵'改成'千面','鲜'改成'艳'。"

的确,那盛开的白莲花不正像姑娘白嫩的脸孔吗?用"白姑"代替"白莲",不但形象生动,而且和上联对起来也更加贴切、和谐。而原来的实写就不具有这种形象感。

一字师

张咏当尚书时,有一次邀请溧阳(在江苏)县令萧楚材来吃饭。萧楚材在书房等候时,见张咏书案上有一首刚写好的诗,其中有两句:

独恨太平无一事,江南闲煞老尚书。

是说他恨天下太平,使自己没有一点事儿干。

萧楚材把"恨"字改成了"幸"字,变成:

独幸太平无一事,江南闲煞老尚书。

第二天,张咏拿着诗稿问左右的人:"这诗谁给改的?"

左右的人告诉他,是萧知县改的。张咏说:"他改得有道理。天下太平应该庆幸,何必恼恨呢?"张咏想了想,说:"这萧公是我的'一字师'呀!"

"冤枉能辩"

一次,梅兰芳率领京剧团到汉口演出。在《女起解》一场戏中,梅兰芳扮演的苏三有一段"反二黄"唱段,第一句是"崇老伯他说是冤枉难辩"。观众席上,沙市京剧团艺委会主任郭叔鹏听到这里,觉得这个难辩与整个剧情相悖。于是大胆地向梅兰芳质疑:"梅先生,你看台词里面,哪儿有苏三所唱的'冤枉难辩'的意思呢?相反,倒是说她的官司可能有出头的希望了。"郭叔鹏认为,将"难"字改为"能"字,就和剧情相吻合了。"太好了,改词不改腔,观众也容易接受。"从那以后,《女起解》中这句词便唱为"冤枉能辩"了。

后来,梅兰芳上演了《宇宙锋》。次日他又向郭叔鹏征求意见。针对剧中赵高之女装疯一事,郭叔鹏问道:

"梅先生,您演的赵女是真疯还是假疯?"

"你看是真的还是假的?"梅兰芳反问道。

"我看赵女应该是装疯,是假疯,装出来的疯相是为了蒙骗她父亲。'我只得把官人来一声唤,我的夫啊,随儿到红罗帐,倒凤颠鸾。'把父亲当成丈夫,还要拉他入罗帐,这在赵高看来,女儿是真的疯了。但'随儿到红罗帐'的一个'儿'字,却露出了破绽。赵女自称是'儿',显然她还知道对方是父亲,这是神态清醒的表现。赵高不傻,凭此很容易识破女儿在装疯。"郭叔鹏说道。

梅兰芳一听,非常佩服,虚心向郭叔鹏征询修改意见。

郭叔鹏说道:"只要把'儿'字改为'奴'字就行了。'奴'是古代妇女的自称。"

第二天,梅兰芳就把这句台词改过来了。

僧敲月下门

唐朝时有个叫贾岛的诗人,有一年他到长安赶考。一次,他外出归来,在返回客店的途中,闲来无事,就在驴背上吟诵起不久前写的两句诗。他觉得其中一句"僧推月下门"的"推"字还不怎么贴切,想用一个"敲"字来代替,但考虑了很久,仍然决定不下。于是,他反复吟诵着,一会儿做推门的手势,一会儿做敲门的动作,街上的行人都笑他。

这时迎面来了一支车马队伍,原来是长安府尹韩愈出巡。路上的行人见府尹来了,都急忙向两边回避。只有贾岛仍然骑着毛驴走在路中央,出神地做着推敲的姿势,根本没有注意到车马队伍。

韩愈是当时著名的诗人、散文家,听说贾岛因做诗入迷,才冲撞了自己,当即转怒为喜,在听完贾岛的讲述后,韩愈非常赞赏他认真严肃的创作态度,并建议把"推"字改为"敲"字。

韩愈说:"从意境的角度看,山中夜晚,寺门紧闭,题目又写'幽居',在那月光皎洁、夜深人静的环境中,忽然听到几下'梆梆'的敲门声,以动衬静,就更显出寺院的深幽沉寂。而用'推'字就显不出这许多好处来。"

贾岛听了觉得很有道理,就接受了这个意见,决定用"敲"字。

我们现在常用的"推敲"一词,即来源于此。推敲是指作家在文学创作过程中反复选择、调动词句,以求准确、妥帖地表情达意。

王安石炼字

一年初春时节,北宋诗人王安石从扬州到了瓜洲渡口,他归心似箭,想早日返回金陵钟山的家中。他打算先坐船横渡长江,到对岸的京口(今江苏省镇江市)上岸,然后连夜赶路回钟山。

渐近黄昏,马上可以上岸赶路了,诗人不禁往远处眺望着,只见峰峦重叠,伸展到远方,最后被云雾所遮盖,看不到夕阳外的钟山。船一靠岸,王安石第一个跳上岸,忽然一阵春风吹来,夹带着一阵使人心醉的花香,远处也升起了一轮明月,王安石诗兴大发:

京口瓜洲一水间,钟山只隔数重山。

春风又到江南岸,明月何时照我还?

他反复吟诵着,思考着,总觉得第三句中的"到"字太平庸,也不够贴切,后来改为"过"字,读了几遍,又嫌不好,又改为"入"字,然后又改为"满"字,改了又改,总是找不到一个妥帖的字眼。

忽然,王安石想到在船上望见的绿色的山水,何不用一个"绿"字呢?王安石豁然开朗,立即把这首诗抄录在自己的稿本上。

与其他字相比,"绿"字把春风吹来,大自然发生的可喜变化描绘得很贴切,使全诗增色不少,这个"绿"字就成为后人所说的"诗眼"。

槛外长江空自流

初唐四杰之一的王勃,十四岁时就已很出名了,被视为神童。据说有一年,他往交趾探望父亲,路过洪州。当时恰逢重阳节,都督阎伯屿在滕王阁宴请宾客,王勃也参加了宴会。阎都督久慕王勃盛名,席罢便

请他为滕王阁作饯别序,王勃挥毫写下了著名的《秋日登洪府滕王阁饯别序》,并赋诗一首:

闲云潭影日悠悠,物换星移几度秋。
阁中帝子今何在?槛外长江□自流。

最后一句故意空下一字,悄然而去。围观的学者名士纷纷猜测此空字,有的填"水"字,有的填"独"字,但阎都督都觉得不满意。于是派人赶往会馆,请王勃重返滕王阁填字。

使者到了会馆,却被王勃的随从书童挡了驾:"我家公子说,一字值千金,望都督海涵。"那使者将原话回禀了阎都督。爱惜人才的阎都督非但没生气,还包了千两纹银,亲自带领文人雅士,赶往会馆求教。王勃故作惊慌,忙下台阶到门口相迎,并拱手笑着说:"区区小事何劳督大人亲临下问,不才早已将字留在宝地了。"众人大惑不解,连声追问:"才子墨宝,留在何处?"王勃哈哈大笑:"那个字是空。阁中帝子今何在?槛外长江空自流。"众人恍然大悟,无不称妙。

"槛外长江空自流"一句中一个"空"字,将诗人心中郁结的无限情意表达得淋漓尽致,这其中既有对长江之水的凭吊,也有对生不逢时的悲叹,对怀才不遇的自艾,可以说,一个"空"字使意境全出。

云破月来花弄影

北宋文学家宋祁写过一首传唱一时的《玉楼春》词,词中有"红杏枝头春意闹"句,"闹"字,运用通感手法,打通了视觉和听觉界限,新鲜活泼,为人喜爱,当时就有人称宋祁为"红杏尚书"。同时代的湖州词人张先,写过一首《天仙子》,词中有"云破月来花弄影"句,也是传诵极广的名句。

有一天,任工部尚书的宋祁去拜访任都官郎中的张先,命人通报说:"尚书欲见'云破月来花弄影'郎中。"张先听说后,急忙跑到大门口迎接客人,问对方说:"您莫非就是大名鼎鼎的'红杏枝头春意闹'尚书?"宋祁也打趣地说:"我正是那个'闹'尚书!"两人相视而笑,一见如故,谈得很投机。

宋祁对张先说:"现在,京城里的人都称呼您为'张三中',不知是何缘故?"

张先说:"我的《行香子》词中有'心中事、眼中泪、意中人'几句,大概即据此而来。不过,我对这个称号并不满意。"

宋祁问:"为什么不满意?那您喜欢什么样的绰号?"

张先说:"还不如称呼我为'张三影'更为贴切。"

宋祁大惑不解:"哪'三影'?请指教。"

张先扳着指头说:"'云破月来花弄影''娇柔懒起,帘压卷花影'、'柳径无人,堕风絮无影',这些都是我平生的得意之句,其中都有一个'影'字。所以说,称我为'张三中'还不如称为'张三影'!"

从此以后,人们就称张先为"张三影"。其实,张先平生所写佳句又何止"三影"?其他如"隔墙送过秋千影""无数杨花过无影"等均属其名句。

老仆人改诗

白居易写出诗稿以后,常常先念给家人和邻居老太太听,如果他们听不明白,他就修改或者重新写。

一次,白居易写了《新制绫袄成,感而有咏》的诗,把其中几句念给家中老仆人白菊听:

百姓多寒无可救,

一身独暖亦何情!

心中为念农桑苦,

耳里如闻饥冻声。

安得大裘长万丈?

与君都盖洛阳城。

最后两句的意思是:怎么才能得到万丈长的大皮裘,从而把整个洛阳城都盖上,让老百姓的身体都暖暖和和呢?

白菊听了,说:"意思我很明白,只是这个'安'字感觉不太好懂。"

于是,白居易听取了她的意见,把"安"改成"争",就是说,要"争得大裘长万丈",为百姓多做好事。如此一来,原诗不仅变得好懂,而且思想也变得更加积极起来。

林花著雨胭脂湿

宋代名才子苏轼、黄庭坚、秦观、佛印和尚四人情趣相投,是经常唱和应答的诗友。一次,他们共游一寺院,看到墙上题有杜甫的《曲江对雨》诗,因年代久远,其中"林花著雨胭脂□"句的最后一字字迹模糊,看不清楚,四才子提议要为这个字补缺。

苏轼才思敏捷,率先吟道:"林花著雨胭脂润。"黄庭坚不甘示弱,随即唱道:"林花著雨胭脂老。"秦观紧接着说道:"还是'林花著雨胭脂嫩'为妙。"佛印和尚修身养性到家,缓缓念出"林花著雨胭脂落"的诗句。

后来,他们查阅《杜工部集》,找到了原诗,原来最后一个字为"湿",四才子无不表示惊叹。"湿"字将"润"的形态、"老"的衰情、"嫩"的色质、"落"的颓势都包容在内,使形、情、色、态浑然一体,准确、鲜明、凝练、生动地表现了"林花著雨"的诗情画意。可见杜甫观察事物是多么细致入微。

第十四章　字谜与对联趣谈

"青鹅"密信

唐朝女皇武则天对汉字十分有研究。徐敬业在扬州起兵谋反时,让骆宾王设法拉拢中书令裴炎做内应。骆宾王便编了一首童谣"一片火,两片火,绯衣小儿殿上坐",教京都和裴炎家乡的孩子们传唱。

等到这首童谣传到裴炎耳中时,骆宾王特地向裴炎解释说:"绯衣合起来是个'裴'字,两片火是'炎'字,殿上坐是南面称王,这就是说你裴炎要南面称王了。"两人谈得投机,最后裴炎答应做内应。

为了保密起见,裴炎给徐敬业写了一封密信。但是这封信被武则天的人查获了。他们打开一看,上面只有两个字"青鹅",朝中的官员们都不明白是什么意思,便呈给武则天看。武则天一看,解释说:"青者,十二月,鹅字乃'我自与'三字组成,这就是相约在十二月起兵,裴炎自会在朝中做内应的意思。"

于是,武则天杀了裴炎,并派兵追击徐敬业。后来,徐敬业的副将杀了徐敬业,归顺了朝廷。

赵明诚的梦

宋代文人赵明诚是著名词人李清照之夫,他们的结合有一段有趣的故事,一日,聪慧的赵明诚对父亲说:"今日中午睡觉,我做了一个梦,在梦中读了一本很好的书,但醒来以后,却把书里的内容大都忘记了,只记得其中三句是,言与司合,安上已脱,芝芙草拔。"

父亲听后,思忖道:言与司合在一起,于字为"词";安字去掉上头的宝盖,于字为"女";芝芙夫掉草字头,于字为"之夫",合起来是"词女之夫"。于是便为儿子解梦说:"你将娶一个善于作词的才女做妻子。"

后来，赵明诚与礼部员外郎李格非的女儿李清照喜结良缘。原来，昼寝梦读的故事是赵明诚爱慕李清照，想娶她为妻而做的文字游戏。

"慧"字诗画

北宋年间，黄庭坚诗文、书法均非常出色，深得苏东坡的赏识，成为"苏门四学士"之一，诗书与苏东坡齐名，人称"苏黄"。除此之外，深谙汉字之妙的黄庭坚对字谜也十分有研究。

一次，他由家乡修水来到江州，江州的才子们久慕其名，便约他同舟泛游长江。天光水色，烟波浩渺，景色宜人。一个才子向黄庭坚作揖，说道："学生偶得两句，向先生请教。"说罢吟道："远树两行山倒映，轻舟一叶水横流。"

另一江州诗人接着说："句中有谜，请先生赐教。"

黄庭坚笑而不答，请人拿来笔墨纸张开始作画。他先在纸的上方绘出两株远树（丰丰），又在树上勾勒一个歪倒的山（彐），然后在下面画了一叶扁舟，又横着点了三点水而为"心"。一幅绝妙的淡墨山水画跃然纸上，远山、秀树、扁舟、流水，一个秀丽丰雅的"慧"字道出了谜底。众人看后不禁拍案叫绝。

夫妇义重

有一对夫妇，平日相处十分融洽，情投意合。一次，夫妇二人因琐事吵架，丈夫一气之下外出经商。一年过去了，丈夫在外面风餐露宿，非常思念妻子。

有一天，妻子接到丈夫托人带回来的一封家书，心中十分高兴，拆开一看，是四句谜诗："二人力大顶破天，十女耕田缺一边，我要赶羊羊骑我，千里连土土连田。"

妻子捧着信细细琢磨了一番，猜到了这四句话所打的四个字：原来丈夫对自己说的是"夫妇义重"（"義"为"义"的繁体字）。

她被丈夫的表白感动了，思念之情不可抑止，提笔给丈夫回了一封信，也是一首谜诗："只因心相连，受下交朋友，芳心青春在，探源水漫手。"

丈夫接到信一看，万分感慨：好一个"恩爱情深"啊！有妻如此，夫复何求？当即收拾行装踏上归家之途，夫妇二人就此和好。

树上有嘴能笑人

相传某地有个地主，他的女儿年方二八。地主为了给女儿找个如意郎君，决定以文择婿。邻乡的一个穷秀才听到消息以后，也赶去凑热闹。主考官见他衣衫不整，一副穷酸相，有意嘲弄他，并借此把他撵走，当即出了一个谜联："树上有嘴能笑人。"

穷秀才听了，微微一笑，不慌不忙地吟出了下联："火里熔雪不成水。"主考官听后，暗自赞叹：此联对得如此工整，谜底也针锋相对。主考官忙拱手让穷秀才应试。在闺房中的小姐耳闻目睹了这一切，她满意地点了点头。

原来，上联是个"呆"字，下联是个"灵"字。到底是呆是灵，千金小姐自会辨。后来，小姐便与穷秀才结为夫妻。

纪晓岚巧出谜

清代的乾隆皇帝非常喜欢谜语，当时的大学士纪晓岚也是一位善于制谜和猜谜的能手，君臣二人经常以对诗、猜谜为戏。一年元宵节，乾隆在宫中举行字谜晚会。纪晓岚写了一副对联，挂在会场上：

黑不是，白不是，红黄更不是，
和狐狸猫狗仿佛，既非家畜，又非野兽
诗也有，词也有，论语上也有，
对东西南北模糊，虽是短品，却是妙文

这是一副对仗十分工整的谜联，要求打二字。这一下不但把满朝文武及宫廷嫔妃都难住了，就连一向自认为擅长猜谜的乾隆皇帝想了好久也猜不出来，最后只得请纪晓岚自己出来解释。纪晓岚问道说："在五色之中黑、白、红、黄都不是，是什么？"乾隆立刻说："当然是青色了。"纪晓岚又问：

乾隆画像

"狐狸猫狗这几个字相同的地方在哪里？自然是'犬'旁了。"说到这里，乾隆便说："不用你再说，这下联的字我也猜着了。"原来这副对联隐的是"猜谜"二字，大家听了，无不赞叹称妙！

乾隆解字

清乾隆年间，乾隆的亲信和珅在府内建了一座亭子，请大才子纪晓岚给他题一匾额。纪晓岚并不推辞，提笔写了"竹苞"两个大字，和珅一看，这"竹苞"二字与凉亭两侧出绿竹正好相互映衬，非常喜欢，就叫人将两字刻成匾挂在亭子上。

一天，乾隆来到这座亭子前，当他抬头看到这块匾额后，不禁哈哈大笑。和珅大为不解，忙问笑为何故。乾隆说："你没看出来吗？纪晓岚在耍你呢，这'竹苞'二字拆开，不就是'个个草包'吗？"

和珅听了又羞又恨，但又不好发作。

巧谜道姓

两个书生赴京赶考，在客栈相遇，互问贵姓。

甲说："左边加一是一千，右边减一是一千。不加不减再计算，其中共有一千。"

乙说："左看不出头，右看不出头。左右一齐看，两个不出头。"

正巧旁边有位教书先生，听了两位报姓的方式很感兴趣，便也来凑热闹。他先向两位书生道一声："任、林二君可好？"二人不觉一惊，一看过来的这位老者自己并不相识，便问："老人家，我们素不相识，何以能知道我们两人的姓？"老人笑着说："刚才你们二位不是互通尊姓了吗？"他们又问老人贵姓，老人却吟出一阕《忆江南》来："遥望处，牛女正双栖。天上人间相与共，银河杳渺水迷离，新月落西垂。"

两位书生猜了半天也没猜出来。忽听店家女儿来到桌前喊了一声："滕老先生，饭已备齐，请用餐。"二人恍然大悟，不禁佩服起店家女儿来，也称赞这个字谜比他们的谜更高明，更有文采。

巧骂"柳剥皮"

清朝同治年间，有个贪官叫柳儒卿。此人欺上瞒下，横行不法，人们背地里叫他"柳剥皮"。

这一年，县里大制字谜，有人专门制作了一副谜联，带来送给柳儒卿。那副谜联是这样写的：

本非正人，装作雷公模样，却少三分面目

掼开私卯，会打银子主意，绝无一点良心

各打一字。

柳剥皮不知其中奥妙，说："很好，很好。"叫人贴了出去。人们很快猜出谜底，个个捧腹大笑，齐声称赞："这个谜制得好！"

原来"非正人"是"亻"，"装作雷公模样，却少三分面目"是"需"（需与雷相近，"面"少三横为"而"），上联合为"儒"字。"掼开私卯"，即将"卯"分在两边，"会打银子主意，绝无一点良心"为"艮"，下联合为"卿"字。这样，上下联所猜字为"儒卿"。这副谜联借对"儒卿"二字的拆析，贬斥"儒卿"的阴险歹毒，字字句句鞭辟入里。

生日请帖里的字谜

相传，"初唐四杰"之一的骆宾王从小就聪颖过人，七岁时就以咏鹅诗闻名遐迩，有"江南神童"的美誉。一次，骆宾王过生日，到了开宴的时间，客人们陆续入座了，唯独一位最要好的朋友没有到，骆宾王便又派书童给这位朋友送去一张写有四句话的请帖："自西走到东边停，蛾眉月上挂三星，三人同骑无角牛，口上三划一点青。"

那位朋友看完请帖，深受感动，连忙放下手中正在整理的书稿，赶到骆宾王家赴宴了。有位客人说："听说你在家整理书稿，我们以为你真的不能来了呢。"这位朋友说："骆兄'一心奉请'，我就是再忙也得来啊！"

众客人都开心地大笑，生日宴席格外热闹。

骆宾王的请帖是一个谜语，每句打一字。首句谜底为"一"，看看写

"一"字时笔的走势即知；第二句是根据"心"字的形态作奇思妙想；第三句是"三十人十牛"去掉笔画一撇；第四句中"请"的繁体字的写法就是"請"。

八字碑文

东汉时期上虞有一姑娘名叫曹娥，因父亲淹死在江中未打捞出尸体，心中十分悲痛，便投江自尽。上虞官府上奏朝廷，朝廷表彰曹娥为孝女，并为她立了一块石碑，名叫"曹娥碑"，请才子邯郸淳写碑文。

据说邯郸淳文章写得特别好，大文学家蔡邕听说了这件事前往观看，赶到时天已经黑了，便用手摸着碑文读，读完之后在碑的后面写了八字批语：

黄绢，幼妇，外孙，齑臼。

有一次，曹操从碑旁经过，看到了蔡邕的题字，一时不解其意，便问随行人员有谁理解。主簿杨修回答说："我理解。"

曹操说："你先别说出来，让我再想一想。"向前又走了三十里，曹操和杨修分别写下了答案。

杨修说："黄绢，是带颜色的丝，色丝合一'绝'字；幼妇，是年少的女子，少女合一'妙'字；外孙，是女儿之子，女子合一'好'字；齑臼是接受辛辣之物的器具，受辛合一'辞'字。总合起来是'绝妙好辞'四个字，是赞美碑文写得好。"

曹操的答案和杨修一样，他感叹不已，对杨修说："我的才力和你相距三十里。"

酒店老板的字谜

相传，有个秀才迂腐自大，一天到晚到处卖弄。有个酒店老板也知文断字，看不惯他那副自大的样子。一天，他见秀才又在街上卖弄，便把秀才请到店里说："我这里有个谜，正想请教你。你解得出来，今日酒钱全免。你要解不出来，罚你今后说话不准带一个'也'字。"秀才说："行，你说谜面吧。"老板就说了一个故事，春秋之时，孔子和他的两个学生子路和颜回聊天，孔子问学生："是也？非也？"子路答："是也。"

颜回:"非也。"二人争执不下,孔子曰:"是也,则直在其中矣!"两个人点点头,都说:"非也。"

老板问:"这是个什么字?"

秀才听得一头雾水,孔子明明说"是也",子路和颜回却又说"非也"。究竟是"是也"还是"非也"?他绞尽脑汁,终究一无所获。

老板笑着蘸着酒在桌子上写了一个"乜"。

秀才刚要念"也",一看又不是"也"。可孔子为什么又说"是也"呢?

老板笑着说:"孔子说'直在其中'才是'也'。"

秀才自知才疏学浅,羞愧万分,此后再也不敢随便卖弄了。

秋日残红萤火飞

相传苏东坡有个妹妹叫苏小妹,她才貌双全,智慧过人,向她求婚的人络绎不绝。

九九重阳,秋高气爽。苏东坡邀秦观来到秋香亭饮酒赏菊。席间,苏学士笑问:"贤弟风姿俊逸,才辩无双,何以迟迟不择婚配?"

秦观应曰:"吾非草木,岂能无情?小弟久慕一位窈窕淑女,只是难以启齿。"

苏东坡爽朗一笑:"这有何难!说出来包在愚兄身上!"

秦观沉吟了片刻,笑云:"待小弟制个字谜,请仁兄猜猜。"说罢即赋一词:"园中花,化为灰,夕阳一点已西坠。相思泪,心已碎,空听马蹄归,秋日残红萤火飞。"

苏东坡一听,恍然大悟,哈哈大笑:"我明白了,明白了。原来你的意中人是我的妹妹。"于是他巧妙撮合,秦观、苏小妹终成眷属。

"园中花,化为灰",空余"草";"夕阳一点已西坠。相思泪,心已碎,空听马蹄归","夕"坠去"一点","思"字碎去"心"字,"马"(繁体)字的底部(足、蹄部位)为"灬",合为繁体的"鱼"字;"秋日残红萤火飞",萤火飞则天已晚,故秋日残红去"火"去"日残红"余"禾"。这样,"草"字头与"鱼"的繁体字、"禾"字拼合为"苏"的繁体字"蘇"。

义无回首瞻前途

1916年初的一天,新婚不久的宋庆龄和孙中山在公园散步。两人一边走一边谈论着讨伐袁世凯的事情。宋庆龄笑着对孙中山说:"逸仙,我想到一个讨袁的上联,你对得出吗?"

"庆龄,你不是苏小妹三难新郎吧?说来听听。"

宋庆龄轻声吟出上联:"或入园中,逐出老袁还我国。"繁体字"公园"的"园"(園)中是袁世凯的"袁",赶出"袁"换成"或",便成了繁体字"国家"的"国"(國)。

立意深刻,构思又十分巧妙。

孙中山边走边想,片刻之后,吟出下联:"余行道上,义无回首瞻前途。""余"字换出"首"字,"道路"的"道"便变成了"前途"的"途",和上联有异曲同工之妙;又借联抒怀,可谓眼界高远。宋庆龄不禁拍掌称妙。同年6月6日,妄图复

宋庆龄孙中山合影

辟帝制的袁世凯,在全国人民的强烈声讨中,忧愤交加,终于一命呜呼了。

佛印巧对苏小妹

一天,佛印应约到苏东坡住所,苏东坡出门迎接。这时,苏小妹正在窗前捉虱子,一见兄长和佛印迎面而来,脱口出对戏道:

长兄门外邀双月

苏东坡笑对下联:

小妹窗前捉半风

上联的"双月",即"朋"字;下联的"半风"(繁体风),即"虱"字。

又有一次,佛印和尚去拜访苏东坡,大说佛力广大,佛法无边。坐在一旁的苏小妹便有意开他的玩笑:"人曾是僧,人弗能成佛。"佛印一

听,也反戏她一联:"女卑为婢,女又可为奴。"苏小妹和佛印的妙对,就是利用析字法巧拼"僧"、"佛"、"婢"、"奴"四字,互相戏谑,妙趣横生。

两个女婿与老丈人

一个老财主,有两个女婿,平日里,两个女婿之间总是明争暗斗、冷嘲热讽。这年正月他俩都去给丈人拜年。二女婿年前因违纪被革去了功名,大姑爷想讽刺讽刺二姑爷,摆上席了,他说要行酒令。老丈人说:"喝哑巴酒没意思,行酒令好。我出题,要举出一个字,这个字去掉一半,还成一个字,和前字同音,再加上一个字,就合成另一个字,乘势说一副对联,尾字要落在合成的字上。一联说完共用四句,要合辙押韵。"

大姑爷说:"我举'溪'字。有水也念溪,无水也念奚,去了溪边水,添鸟便念鷄(鸡的繁体字)。得势狸猫欢如虎,脱毛凤凰不如鸡。"

二姑爷一听是在讽刺他,也就接声道:"我举'棋'字。有木也念棋,无木也念其,去了棋边木,添欠便念欺。龙困浅水遭虾戏,虎落平川被犬欺。"

老丈人一听不好,唯恐酒桌上起了战争,就说:"我举'湘'字。有水也念湘,无水也念相,去了湘边水,添雨便念霜。各人自扫门前雪,休管他人瓦上霜,我看咱们还是喝酒吧。"

峙立金童

从前,有一个姓倪的姑娘,才貌出众,向她求婚的人络绎不绝。姑娘是个有主见的女子,为了招位佳婿,就在自家门外写了一副上联,对上者方可与姑娘谈论婚嫁之事。上联是:

妙人儿,倪家少女

联内文字拆并得十分巧妙:"妙"是"少女"之合,"人儿"又是"倪"字之分。

当时,有个姓李的书生前来求婚,面对姑娘出的上联,提笔对出下联:

钟（鍾）山寺，峙立金童

姑娘看了书生的下联之后，招见书生，两人一见钟情，遂成婚配。

纪晓岚巧对乾隆

相传，一次乾隆皇帝和纪晓岚在宫中下棋，乾隆连弈三盘皆告负。乾隆对纪晓岚说："朕欲赐爱卿御宴，只是时光尚早，不如拈联答对。"

纪晓岚起身叩谢道："谢圣上隆恩。卑臣斗胆，请赐上联。"

乾隆出联道：

山石岩下古木枯，此木是柴。

乾隆心想：我这联拆了"岩""枯""柴"三字，而且文气连贯，下联要对得好，谈何容易。

不料，纪晓岚略一思索，即对道：

白水泉边女子好，少女真妙。

乾隆一听，这下联对得无懈可击，实在是妙极了，顿时龙颜大悦。

不知何人害相思

庞振坤少年时非常聪颖。有一年春节，他去舅父家拜年，三位表嫂都很有才气，尤擅作诗。她们见表弟从远地而来，于是热情款待，并要行酒令。她们规定的酒令限制很严：每人说一句话，第一小节要把一个单字拆开，第二小节要把一个字分成三个字，第三小节必须是第二小节分开来的那三个字，第四小节要用头两个字合成的那个字收尾。

大表嫂首先吟道：

豆页为頭（头的繁体字），犇字三牛，牛牛牛，不知赶来多少头？

二表嫂行令：

尸至为屋，森字三木，木木木，不知能盖多少屋？

三表嫂又念道：

水酉为酒，品字三口，口口口，不知该罚谁喝酒？

庞振坤心里十分清楚，三表嫂口齿伶俐，正向自己挑战。他装作为难的样子，半天不做声。三位表嫂笑着对庞振坤说："不行酒令，可要捏你的鼻子往下灌了啊？"

庞振坤说:"好吧,我在诸位表嫂面前献丑了!"说着对道:
田心为思,姦字三女,女女女,不知何人害相思?
三位表嫂听罢连说不好,但心里也不得不佩服庞振坤的才气。

巧题姻联

从前,有两家联婚成亲,男方姓潘,女方姓何。在定亲的时候,女方的父母说:"我的女儿别无所望,唯求过门之后,一日三餐,吃饱而已。"男方父母说:"我们也别无所盼,但愿媳妇进门之后,生儿育女,留个后代罢了。"有多才之士据此,在结婚之日赠一贺联:
嫁给潘家郎,有水有田方有米;
娶得何氏女,添人添口便添丁。
上联"水、田、米"合成"潘"字;下联"人、口、丁"并为"何"字,联语虽短,但既分拆双方的姓氏,又隐含着双方的心愿,真是妙极。

小人全仗大人遮

明朝时候,湖广石首有个教书先生,叫杨溥。有一次,地方官要其服役,杨溥因体弱家贫,苦苦哀求地方官为他免除服役。
地方官要杨溥当面对对子,对出下联方可免除服役。地方官出对曰:
四口同圆(圆的繁体字),内口皆归外口管;
杨溥对道:
五人共伞(伞的繁体字),小人全仗大人遮。
地方官耳闻下联,觉得分明是在夸赞自己,心里暗自高兴,又见杨溥确实难以服役,也就顺水推舟,就此罢了。

学童巧对骂官

咸丰年间,有一位知府叫卜昌。有一天,他来到一家学馆,见两个学童正在读书,便想卖弄文墨,于是同两学童对句。卜昌冷笑道:"两火为炎,既然不是盐酱之盐,为何加水变淡?"

一学童笑着对道:"两土为圭,既然不是乌龟之龟,为何加卜成卦?"卜昌一听,气得满脸通红。

另一学童见状,也对道:"两日为昌,既然不是娼妓之娼,为何加口便唱?"卜昌一听气坏了,想要发作,可两个学童对得文韵俱佳,也无可奈何。

鬼鬼犯边

19世纪末,美、英、法、俄、德、意、奥、日八国联军相互勾结,先后占领了天津和北京。腐败无能的清朝政府,一味屈膝求和。有一次,清政府与八国代表议和,会议开始前,有个外使阴阳怪气地教唆:"听说中国有一种独特的文学形式,称作对联,现在我出一上联,你们是否能对出下联?"那家伙所出上联为:

琵琶琴瑟八大王,王王在上。

联军代表明白联中含义,发出一阵阵狂笑,气焰十分嚣张。

正当联军代表得意忘形之际,清政府代表身后的一位秘书猛然起立,他怒目环视,响亮地对答:

魑魅魍魉四小鬼,鬼鬼犯边

联军挑衅者听后,一个个像泄了气的皮球,垂头耷耳,相顾无言。